职业教育会计专业营改增系列教材

培育会计职业素养
全面推进课程思政

# 企业会计岗位综合实训

（第二版）

主　编　罗绍明
副主编　杨　玲　田卫红　邱爱华

立信会计出版社
LIXIN ACCOUNTING PUBLISHING HOUSE

**图书在版编目(CIP)数据**

企业会计岗位综合实训 / 罗绍明主编. —2版. —上海：立信会计出版社，2021.1(2022.7重印)
职业教育会计专业营改增系列教材
ISBN 978-7-5429-6444-1

Ⅰ.①企… Ⅱ.①罗… Ⅲ.①企业会计—职业教育—教材 Ⅳ.①F275.2

中国版本图书馆 CIP 数据核字(2021)第 003300 号

| | |
|---|---|
| 策划编辑 | 陈　旻 |
| 责任编辑 | 陈　旻 |
| 封面设计 | 南房间 |

**企业会计岗位综合实训(第二版)**
QIYE KUAIJI GANGWEI ZONGHE SHIXUN

| | | | | |
|---|---|---|---|---|
| 出版发行 | 立信会计出版社 | | | |
| 地　　址 | 上海市中山西路 2230 号 | 邮政编码 | 200235 | |
| 电　　话 | (021)64411389 | 传　真 | (021)64411325 | |
| 网　　址 | www.lixinaph.com | 电子邮箱 | lixinaph2019@126.com | |
| 网上书店 | http://lixin.jd.com | | http://lxkjcbs.tmall.com | |
| 经　　销 | 各地新华书店 | | | |
| 印　　刷 | 江苏凤凰数码印务有限公司 | | | |
| 开　　本 | 787 毫米×1092 毫米 | 1/16 | | |
| 印　　张 | 18.25 | | | |
| 字　　数 | 467 千字 | | | |
| 版　　次 | 2021 年 1 月第 2 版 | | | |
| 印　　次 | 2022 年 7 月第 2 次 | | | |
| 书　　号 | ISBN 978-7-5429-6444-1/F | | | |
| 定　　价 | 42.00 元 | | | |

如有印订差错，请与本社联系调换

# 第二版前言

本《企业会计岗位综合实训》(第二版)书是学习《企业财务会计》课程后,用于企业财务会计综合实训的实训教学用书。该书的特点表现为:

其一,培育会计职业素养,全面推进课程思政

本书以习近平新时代中国特色社会主义思想为指导,全面贯彻落实立德树人根本任务,培育会计职业素养,把培育和践行社会主义核心价值观活动贯穿教育教学全过程,全面推进课程思政。

其二,内容新颖实用,反映最新的财税政策

自2019年4月1日起,制造业等行业增值税税率从16%降至13%,交通运输、建筑、基础电信服务等行业及农产品等货物的增值税税率从10%降至9%。基于此,本书依据最新的营业税改征增值税财税政策以及《企业会计准则》进行编写,力争体现教材的新颖性与实用性。

其三,强调岗位技能训练,体现应用型人才培养特色

本书突出以能力为本位的流程式教学模式,针对同一家生产企业不同时期的经营业务,科学设计其三个月的财务会计岗位操作经济业务。实训时,学生不仅要完成月份内的编制和审核原始凭证、填制记账凭证、登记会计账簿、编制科目汇总表、编制资产负债表和利润表等会计岗位任务,还要实践操作月结、年结以及跨月份会计业务的账务处理,以实现综合性培养其岗位技能的目标。

本书可作为职业院校会计、会计电算化、财务管理等专业的教学用书或配套用书,也可作为企业财务会计人员及对企业财务会计有兴趣和爱好的读者学习、参考和实训训练的用书。

本书由广东省汕头市鮀滨职业技术学校罗绍明任主编,由东莞市商业学校杨玲、汕头市技师学院田卫红、东莞市电子科技学校邱爱华任副主编,参编老师有广州市圆方计算机软件工程有限公司朱萌、汕头市鮀滨职业技术学校方佳虹、汕头市澄海职业技术学校谢铨。其中:核算资料、期初资料由罗绍明修订并统

稿,10月份经济业务由杨玲、方佳虹修订,11月份经济业务田卫红、谢铨修订,12月份经济业务由邱爱华、朱萌修订。

由于编者水平有限,本书中的缺点与不成熟之处在所难免,恳请读者批评指正并提出意见与建议。谢谢来信!来信请寄:stluoming@163.com。

编　者

# 前　言

《企业会计岗位综合实训》是学习"企业财务会计"课程后，用于企业财务会计综合实训的教学用书。本书的特点表现为：

1. 内容新颖实用，反映最新营改增财税政策。

经国务院批准，自2016年5月1日起，建筑业、房地产业、金融业、生活服务业等行业纳入营业税改征增值税试点范围；自2018年5月1日起，制造业等行业增值税税率从17％降至16％，交通运输、建筑、基础电信服务等行业及农产品等货物的增值税税率从11％降至10％，至此，营业税改征增值税政策在全国范围内全面推开且深入改革。营业税改征增值税政策的实施，将对原营业税纳税人的会计核算产生直接影响，也将影响原增值税纳税人的会计核算。基于此，本书依据最新的营业税改征增值税财税政策以及新修订实施的《企业会计准则》进行编写，力争体现教材的新颖性与实用性。

2. 强调岗位技能训练，体现应用型人才培养特色。

本书突出以能力为本位的流程式教学模式，针对同一家生产企业不同时期的经营业务，科学设计其3个月的财务会计岗位操作经济业务。实训时，学生不仅要完成月份内的编制和审核原始凭证、填制记账凭证、登记会计账簿、编制科目汇总表、编制资产负债表和利润表等会计岗位任务，还要实践操作月结、年结以及跨月份会计业务的账务处理，以实现综合性培养其岗位技能的目标。

本书可作为职业院校会计、会计电算化、财务管理等专业的教学用书或配套用书，也可作为企业财务会计人员及对企业财务会计有兴趣和爱好的读者学习、参考和实训训练的用书。

本书由广东省汕头市鮀滨职业技术学校罗绍明任主编，由东莞市商业学校杨玲、汕头市技师学院田卫红、东莞市电子科技学校邱爱华任副主编，参编老师有汕头市鮀滨职业技术学校张静、东莞市电子商贸学校刘建华、汕头市外语外贸职业技术学校陈佳儿。其中，核算资料、期初资料由罗绍明编写，10月份经济业务由杨玲、张静编写,11月份经济业务由田卫红、刘建华编写,12月份经济业务由邱爱华、陈佳儿编写。全书由罗绍明统编。

由于编者水平有限,书中缺点与不成熟之处在所难免,恳请读者批评指正并提出意见与建议。

编 者

# 目　　录

一、核算资料 ························································································· 1
 1. 核算规则 ······················································································ 1
 2. 实训要求 ······················································································ 1
 3. 企业信息 ······················································································ 1
 4. 预留印鉴 ······················································································ 3

二、期初资料 ························································································· 4
 1. 总分类账户期初资料 ······································································ 4
 2. 损益类账户资料 ············································································ 8
 3. 存货各明细账户期初资料 ····························································· 10
 4. 在产品期初资料 ··········································································· 11
 5. 固定资产构成资料 ······································································· 11
 6. 无形资产构成资料 ······································································· 11
 7. 借款构成资料 ·············································································· 11

三、经济业务 ······················································································· 13
 1. 10月份经济业务 ·········································································· 13
 2. 11月份经济业务 ·········································································· 93
 3. 12月份经济业务 ········································································ 181

# 一、核算资料

## 1. 核算规则

(1) 采用通用记账凭证或收付转凭证填制凭证。
(2) 采用汇总记账凭证核算形式登记总账。
(3) 存货采用实际成本法核算。
(4) 采用月末一次加权平均法计算发出材料成本。
(5) 固定资产采用年限平均法计提折旧。
(6) 产品成本按品种法计算。
(7) 在产品完工程度按平均50%计算。
(8) 材料在开始生产时一次投入,其他成本按约当产量比例分配。
(9) 该企业为一般纳税人,增值税税率为13%,所得税税率为25%。
(10) 计算数据保留到2位小数。

## 2. 实训要求

(1) 依据各账户期初余额开设总分类账、明细分类账和日记账。
(2) 填制部分原始凭证。
(3) 编制各经济业务的会计分录。
(4) 编制通用记账凭证或收付转凭证并装订成册。
(5) 依据记账凭证登记明细分类账。
(6) 登记现金和银行存款日记账。
(7) 按旬定期编制科目汇总表。
(8) 依据科目汇总表核算形式登记各账户总分类账。
(9) 依据总分类账资料分月编制账户试算平衡表。
(10) 编制资产负债表与利润表。

## 3. 企业信息

(1) 核算企业信息。

### 核算企业信息

| 项目 | 内容 | 项目 | 内容 |
|---|---|---|---|
| 企业名称 | 广东桥心电器有限公司 | 开户行及行号 | 惠州市建行仲恺支行(01692) |
| 开户账号（基本存款账户） | 71682674052 | 纳税人识别号 | 440703256268024 |
| 外币(美元)存款账户账号 | 71682678129 | 证券交易结算资金账户 | 71682674526 |
| 法定代表人 | 陈乔欣 | 地址 | 惠州市仲恺大道248号 |
| 会计主管 | 何建明 | 电话 | 88327589 |
| 会计 | 杨晓梅 | 出纳 | 谢惠新(440702198110252652) |
| 备注 | 2012年经认定为一般纳税人 | | |

(2) 企业供应商信息。

### 企业供应商信息

| 名称 | 开户账号 | 地址、电话 | 开户银行 | 行号 | 纳税人识别号 |
|---|---|---|---|---|---|
| 广东华新钢材有限公司 | 71606313052 | 惠州市惠南大道96号，86637584 | 惠州建行惠南支行 | 02436 | 440703568268026 |
| 广东利源电子有限公司 | 71682543357 | 惠州市金山大道120号，86682584 | 惠州农行金山支行 | 02472 | 440702498268020 |
| 梅州永安包装材料公司 | 81722683058 | 梅州市梅江路6号，8835542 | 梅州中行梅江支行 | 15056 | 440806835268026 |
| 广东福林科技有限公司 | 12629413054 | 广州市芳村大道52号，83682585 | 广州工行芳村支行 | 12063 | 440105307268034 |
| 广东新怡塑料有限公司 | 71606913123 | 惠州市仲恺大道19号，89937587 | 惠州工行仲恺支行 | 01896 | 440703285268026 |
| 广东通达快递有限公司 | 71658643031 | 惠州市惠南大道119号，83697282 | 惠州交行惠南支行 | 21683 | 440766208268039 |

(3) 企业客户信息。

### 企业客户信息

| 名称 | 开户账号 | 地址、电话 | 开户银行 | 行号 | 纳税人识别号 |
|---|---|---|---|---|---|
| 广东海天电器有限公司 | 11634813054 | 广州市中山大道272号，89937584 | 广州工行新华支行 | 12496 | 440103564568023 |
| 广州百福电器有限公司 | 15676243355 | 增城区光明路36号，68682587 | 广州建行光明支行 | 02532 | 440102443268027 |
| 佛山海纳电器有限公司 | 31657443031 | 顺德区河滨南路9号，67697282 | 佛山中行河滨支行 | 15032 | 440306208235036 |
| 深圳佳缘电器有限公司 | 21934783058 | 深圳市怡景路182号，88396432 | 深圳工行怡景支行 | 12059 | 440206835254026 |
| 广东惠欣电器有限公司 | 71606969058 | 惠州市金山大道136号，89547586 | 惠州建行金山支行 | 02430 | 440703535468026 |
| 广东金程电器有限公司 | 71235469056 | 惠州市惠南大道215号，88247598 | 惠州农行惠南支行 | 12520 | 440718925468024 |
| 上海西楚电器有限公司 | 98346469287 | 上海浦东申江路85号，88657598 | 浦发银行申江支行 | 26327 | 214618925468636 |

## 4. 预留印鉴

广东桥心电器有限公司财务专用章

陈乔欣

# 二、期初资料

## 1. 总分类账户期初资料

广东桥心电器有限公司 2019 年 10 月 1 日总分类账户期末余额与有关明细分类账户期初余额,如下所示。

**总分类账户与有关明细分类账户期初余额表**

2019 年 10 月 1 日　　　　　　　　　　　　　　　　　　　　　单位:元

| 科目编号 | 总账账户 | 明细账户 | 借方余额 | 贷方余额 |
|---|---|---|---|---|
| 1001 | 库存现金 | | 26 000.00 | |
| 1002 | 银行存款 | | 872 730.00 | |
| | | ——建行存款 | 872 730.00 | |
| 1003 | 其他货币资金 | | 254 600.00 | |
| | | ——存出投资款 | 254 600.00 | |
| | | ——银行本票存款 | 0 | |
| | | ——银行汇票存款 | 0 | |
| 1101 | 交易性金融资产 | | 83 000.00 | |
| | | ——成本(东华科技) | 83 000.00 | |
| | | ——公允价值变动 | 0 | |
| 1121 | 应收票据 | | 132 000.00 | |
| | | ——海天电器(商业承兑汇票) | 30 000.00 | |
| | | ——百福电器(银行承兑汇票) | 42 000.00 | |
| | | ——海纳电器(银行承兑汇票) | 20 000.00 | |
| | | ——惠欣电器(银行承兑汇票) | 40 000.00 | |
| 1122 | 应收账款 | | 260 000.00 | |
| | | ——海天电器 | 60 000.00 | |
| | | ——百福电器 | 70 000.00 | |
| | | ——海纳电器 | 60 000.00 | |
| | | ——佳缘电器 | 80 000.00 | |
| | | ——惠欣电器 | | 10 000.00 |
| 1123 | 预付账款 | | 20 000.00 | |
| | | ——福林科技 | 20 000.00 | |

二、期初资料

(续表)

| 科目编号 | 总账账户 | 明细账户 | 借方余额 | 贷方余额 |
|---|---|---|---|---|
| 1131 | 应收股利 | | 0 | |
| 1132 | 应收利息 | | 0 | |
| 1221 | 其他应收款 | | 10 000.00 | |
| | | ——包装物押金 | 10 000.00 | |
| 1231 | 坏账准备 | | | 1 450.00 |
| 1402 | 在途物资 | | 50 000.00 | |
| | | ——福林科技 | 50 000.00 | |
| 1403 | 原材料 | | 251 000.00 | |
| | | ——HDP 不锈钢板 | 44 800.00 | |
| | | ——SEP 塑料 | 35 200.00 | |
| | | ——DRH 电路板 | 96 000.00 | |
| | | ——DFG 电路板 | 75 000.00 | |
| 1405 | 库存商品 | | 290 000.00 | |
| | | ——电热壶 | 180 000.00 | |
| | | ——电饭锅 | 110 000.00 | |
| 1406 | 发出商品 | | 0 | |
| 1411 | 周转材料 | | 69 600.00 | |
| | | ——DRH 包装箱 | 24 000.00 | |
| | | ——DFG 包装箱 | 9 000.00 | |
| | | ——低值易耗品 | 36 600.00 | |
| 1511 | 长期股权投资 | | 200 000.00 | |
| | | ——成本(新发电器有限公司) | 200 000.00 | |
| | | ——损益调整 | 0 | |
| 1601 | 固定资产 | | 2 792 000.00 | |
| | | ——经营性固定资产 | 2 233 600.00 | |
| | | ——非经营性固定资产 | 558 400.00 | |
| 1602 | 累计折旧 | | | 525 000.00 |
| 1604 | 在建工程 | | 256 000.00 | |
| | | ——电磁炉生产线 | 256 000.00 | |
| 1605 | 工程物资 | | 60 000.00 | |
| 1606 | 固定资产清理 | | 0 | |
| 1701 | 无形资产 | | 420 000.00 | |
| | | ——电热壶专利 | 150 000.00 | |
| | | ——电饭锅专利 | 270 000.00 | |
| 1702 | 累计摊销 | | | 95 000.00 |
| 1901 | 待处理财产损溢 | | 0 | |

(续表)

| 科目编号 | 总账账户 | 明细账户 | 借方余额 | 贷方余额 |
|---|---|---|---|---|
| | | ——待处理流动资产损溢 | 0 | |
| | | ——待处理非流动资产损溢 | 0 | |
| 2001 | 短期借款 | | | 40 000.00 |
| | | ——建行借款 | | 40 000.00 |
| 2201 | 应付票据 | | | 81 600.00 |
| | | ——华新钢材(商业承兑汇票) | | 40 000.00 |
| | | ——利源电子(银行承兑汇票) | | 20 000.00 |
| | | ——新怡塑料(银行承兑汇票) | | 21 600.00 |
| 2202 | 应付账款 | | | 212 160.00 |
| | | ——华新钢材 | | 117 600.00 |
| | | ——利源电子 | | 93 592.00 |
| | | ——新怡塑料 | 10 000.00 | |
| | | ——惠州供水 | | 708.00 |
| | | ——惠州供电 | | 10 260.00 |
| 2203 | 预收账款 | | | 10 000.00 |
| | | ——金程电器 | | 10 000.00 |
| 2211 | 应付职工薪酬 | | | 580 426.87 |
| | | ——职工工资 | | 351 834.42 |
| | | ——职工福利 | | 60 326.00 |
| | | ——设定提存计划 | | 81 009.20 |
| | | ——社会保险费 | | 37 703.75 |
| | | ——住房公积金 | | 34 472.00 |
| | | ——职工教育经费 | | 6 463.50 |
| | | ——工会经费 | | 8 618.00 |
| | | ——其他 | | 0 |
| 2221 | 应交税费 | | | 96 995.02 |
| | | ——应交增值税 | | 0 |
| | | ——待抵扣进项税额 | | 0 |
| | | ——未交增值税 | | 49 270.00 |
| | | ——应交企业所得税 | | 40 399.00 |
| | | ——应交城市维护建设税 | | 3 448.90 |
| | | ——应交教育费附加 | | 1 478.10 |
| | | ——应交地方教育费附加 | | 985.40 |
| | | ——应交堤围防护费 | | 771.84 |
| | | ——应交个人所得税 | | 641.78 |
| 2231 | 应付利息 | | | 0 |
| 2232 | 应付股利 | | | 0 |

二、期初资料

(续表)

| 科目编号 | 总账账户 | 明细账户 | 借方余额 | 贷方余额 |
|---|---|---|---|---|
| | | ——景阳投资有限公司 | | 0 |
| | | ——蓝梅电子有限公司 | | 0 |
| | | ——裕林投资有限公司 | | 0 |
| | | ——新源科技有限公司 | | 0 |
| 2241 | 其他应付款 | | | 78 423.80 |
| | | ——设定提存计划 | | 35 333.80 |
| | | ——社会保险费 | | 8 618.00 |
| | | ——住房公积金 | | 34 472.00 |
| | | ——包装物押金 | | 0 |
| | | ——其他 | | 0 |
| 2501 | 长期借款 | | | 320 000.00 |
| | | ——本金 | | 320 000.00 |
| | | ——应计利息 | | 0 |
| 4001 | 实收资本 | | | 2 600 000.00 |
| | | ——景阳投资有限公司 | | 1 040 000.00 |
| | | ——蓝梅电子有限公司 | | 780 000.00 |
| | | ——裕林投资有限公司 | | 390 000.00 |
| | | ——新源科技有限公司 | | 390 000.00 |
| 4002 | 资本公积 | | | 362 864.44 |
| 4101 | 盈余公积 | | | 172 239.00 |
| | | ——法定盈余公积 | | 116 979.00 |
| | | ——任意盈余公积 | | 55 260.00 |
| 4103 | 本年利润 | | | 0 |
| 4104 | 利润分配 | | | 1 001 890.87 |
| | | ——提取法定盈余公积 | | 0 |
| | | ——提取任意盈余公积 | | 0 |
| | | ——应付现金股利 | | 0 |
| | | ——未分配利润 | | 1 001 890.87 |
| 5001 | 生产成本 | | 131 120.00 | |
| | | ——电热壶 | 67 824.00 | |
| | | ——电饭锅 | 63 296.00 | |
| 5101 | 制造费用 | | 0 | |
| | | ——机物料消耗 | 0 | |
| | | ——车间管理人员工资 | 0 | |
| | | ——车间管理人员福利 | 0 | |
| | | ——设定提存计划 | 0 | |
| | | ——社会保险费 | 0 | |
| | | ——住房公积金 | 0 | |

(续表)

| 科目编号 | 总账账户 | 明细账户 | 借方余额 | 贷方余额 |
|---|---|---|---|---|
| | | ——职工教育经费 | 0 | |
| | | ——工会经费 | 0 | |
| | | ——折旧费 | 0 | |
| | | ——办公费 | 0 | |
| | | ——水费 | 0 | |
| | | ——电费 | 0 | |
| | | ——其他 | 0 | |
| | 总账账户期末余额合计 | | 6 178 050.00 | 6 178 050.00 |

## 2. 损益类账户资料

广东桥心电器有限公司2019年1～9月份有关损益类账户的累计发生额,如下所示。

### 各损益类账户累计发生额表(结转到本年利润前)

2019年1～9月 单位:元

| 科目编号 | 总账账户 | 明细账户 | 累计借方发生额 | 累计贷方发生额 |
|---|---|---|---|---|
| 6001 | 主营业务收入 | | | 7 269 200.00 |
| | | ——电热壶 | | 4 361 520.00 |
| | | ——电饭锅 | | 2 907 680.00 |
| 6051 | 其他业务收入 | | | 36 120.00 |
| | | ——HDP不锈钢板 | | 25 284.00 |
| | | ——SEP塑料 | | 10 836.00 |
| 6101 | 公允价值变动损益 | | | 0 |
| 6111 | 投资收益 | | | 18 660.00 |
| 6121 | 资产处置损益 | | | 0 |
| | | ——非流动资产处置收益 | | 0 |
| | | ——非流动资产处置损失 | | 0 |
| 6301 | 营业外收入 | | | 36 000.00 |
| | | ——盘盈利得 | | 36 000.00 |
| 6401 | 主营业务成本 | | 4 675 530.00 | |
| | | ——电热壶 | 2 805 318.00 | |
| | | ——电饭锅 | 1 870 212.00 | |
| 6402 | 其他业务成本 | | 21 350.00 | |
| | | ——HDP不锈钢板 | 14 945.00 | |
| | | ——SEP塑料 | 6 405.00 | |
| 6403 | 税金及附加 | | 54 420.00 | |

二、期 初 资 料

(续表)

| 科目编号 | 总账账户 | 明细账户 | 累计借方发生额 | 累计贷方发生额 |
|---|---|---|---|---|
| 6601 | 销售费用 | | 757 942.00 | |
| | | ——职工工资 | 426 800.00 | |
| | | ——职工福利 | 59 752.00 | |
| | | ——设定提存计划 | 90 286.40 | |
| | | ——社会保险费 | 42 021.60 | |
| | | ——住房公积金 | 34 144.00 | |
| | | ——职工教育经费 | 6 402.00 | |
| | | ——工会经费 | 8 536.00 | |
| | | ——广告费 | 62 000.00 | |
| | | ——运输费 | 6 000.00 | |
| | | ——包装费 | 2 400.00 | |
| | | ——保险费 | 1 600.00 | |
| | | ——办公费 | 18 000.00 | |
| | | ——其他 | 0 | |
| 6602 | 管理费用 | | 392 206.00 | |
| | | ——职工工资 | 154 000.00 | |
| | | ——职工福利 | 21 560.00 | |
| | | ——设定提存计划 | 32 577.57 | |
| | | ——社会保险费 | 15 162.43 | |
| | | ——住房公积金 | 12 320.00 | |
| | | ——职工教育经费 | 2 310.00 | |
| | | ——工会经费 | 3 080.00 | |
| | | ——办公费 | 46 000.00 | |
| | | ——招待费 | 16 000.00 | |
| | | ——折旧费 | 32 400.00 | |
| | | ——差旅费 | 13 200.00 | |
| | | ——无形资产摊销 | 31 500.00 | |
| | | ——水费 | 720.00 | |
| | | ——电费 | 6 480.00 | |
| | | ——交通费 | 1 050.00 | |
| | | ——其他 | 3 846.00 | |
| 6603 | 财务费用 | | 15 536.00 | 5 810.00 |
| | | ——利息 | 13 700.00 | 5 810.00 |
| | | ——手续费 | 1 836.00 | |
| | | ——理财费 | 0 | |
| | | ——其他 | 0 | |
| 6701 | 资产减值损失 | | 0 | |
| 6702 | 信用减值损失 | | 1 000.00 | |

(续表)

| 科目编号 | 总账账户 | 明细账户 | 累计借方发生额 | 累计贷方发生额 |
|---|---|---|---|---|
| 6711 | 营业外支出 | | 200 000.00 | |
| | | ——公益性捐赠支出 | 200 000.00 | |
| 6801 | 所得税费用 | | 311 951.50 | |
| | 总账账户发生额合计 | | 6 429 935.50 | 7 365 790.00 |

## 3. 存货各明细账户期初资料

原材料、生产成本、库存商品、周转材料等各明细账户2019年10月1日期初余额,如下所示。

**原材料各明细账户余额表**

2019年10月1日　　　　　　　　　　　　　　　　　　单位:元

| 明细账户 | 单位 | 数量 | 单位成本 | 金额 |
|---|---|---|---|---|
| HDP 不锈钢板 | 千克 | 3 200 | 14.00 | 44 800.00 |
| SEP 塑料 | 千克 | 3 200 | 11.00 | 35 200.00 |
| DRH 电路板 | 块 | 8 000 | 12.00 | 96 000.00 |
| DFG 电路板 | 块 | 1 500 | 50.00 | 75 000.00 |
| 合计 | — | — | — | 251 000.00 |

**生产成本各明细账户余额表**

2019年10月1日　　　　　　　　　　　　　　　　　　单位:元

| 明细账户 | 直接材料 | 直接人工 | 水费 | 电费 | 制造费用 | 其他费用 | 合计 |
|---|---|---|---|---|---|---|---|
| 电热壶 | 33 200.00 | 28 000.00 | 64.00 | 960.00 | 5 600.00 | | 67 824.00 |
| 电饭锅 | 39 000.00 | 18 000.00 | 56.00 | 840.00 | 5 400.00 | | 63 296.00 |
| 合计 | 72 200.00 | 46 000.00 | 120.00 | 1 800.00 | 11 000.00 | | 131 120.00 |

**库存商品各明细账户余额表**

2019年10月1日　　　　　　　　　　　　　　　　　　单位:元

| 明细账户 | 单位 | 数量 | 单位成本 | 金额 |
|---|---|---|---|---|
| 电热壶 | 只 | 5 000 | 36.00 | 180 000.00 |
| 电饭锅 | 只 | 1 000 | 110.00 | 110 000.00 |
| 合计 | — | — | — | 290 000.00 |

**周转材料(包装物)各明细账户余额表**

2019年10月1日　　　　　　　　　　　　　　　　　　单位:元

| 明细账户 | 单位 | 数量 | 单位成本 | 金额 |
|---|---|---|---|---|
| DRH 包装箱 | 个 | 12 000 | 2.00 | 24 000.00 |
| DFG 包装箱 | 个 | 3 000 | 3.00 | 9 000.00 |
| 合计 | — | — | — | 33 000.00 |

## 二、期初资料

### 4. 在产品期初资料

广东桥心电器有限公司2019年10月期初在产品量,如下所示。

**产品产量记录表**

2019年10月

| 产品名称 | 单位 | 期初在产品量 | 本月投产量 | 本月完工量 | 期末在产品量 |
|---|---|---|---|---|---|
| 电热壶 | 只 | 2 000 | | | |
| 电饭锅 | 只 | 600 | | | |

### 5. 固定资产构成资料

广东桥心电器有限公司2019年10月期初固定资产构成,如下所示。

**固定资产构成表**

2019年10月1日

| 固定资产 | 类型 | 金额(元) | 合计(元) |
|---|---|---|---|
| 经营性固定资产 | 房屋 | 1 340 160.00 | 2 233 600.00 |
| | 设备 | 893 440.00 | |
| 非经营性固定资产 | 房屋 | 390 880.00 | 558 400.00 |
| | 设备 | 167 520.00 | |

### 6. 无形资产构成资料

广东桥心电器有限公司2019年10月期初无形资产构成,如下所示。

**无形资产构成表**

2019年10月1日　　　　　　　　　　　　　　　　　　　　单位:元

| 无形资产 | 原值 | 取得方式 | 取得时间 | 摊销期限 | 累计摊销 |
|---|---|---|---|---|---|
| 电热壶专利 | 150 000.00 | 自行研发 | 2018.2.2 | 5年 | 50 000.00 |
| 电饭锅专利 | 270 000.00 | 购买 | 2018.12.12 | 5年 | 45 000.00 |

### 7. 借款构成资料

广东桥心电器有限公司2019年10月期初借款构成,如下所示。

## 借款构成表

2019 年 10 月 1 日

| 借款种类 | 单位 | 金　额 | 借款时间 | 借款期限 | 利　率 | 还款方式 |
|---|---|---|---|---|---|---|
| 短期借款 | 元 | 40 000.00 | 2019.8.25 | 8个月 | 9% | 按月付息,到期还本 |
| 长期借款 | 元 | 320 000.00 | 2018.6.25 | 5年 | 6% | 按季付息,到期还本 |

# 三、经济业务

## 1. 10月份经济业务

(1) 10月5日,上月向广东福林科技有限公司购买的DFG电路板到达,验收合格入库,如下所示。

**收 料 单**

2019年10月5日　　　　　　　　　　　收字第1001号

| 材料名称 | 规格型号 | 单位 | 应收数量 | 实收数量 | 金额(元) |
|---|---|---|---|---|---|
| DFG电路板 | | 块 | 1 000 | 1 000 | 50 000.00 |
| | | | | | |

仓库主管:陈德明　　　　　　验收:李怡华　　　　　　收料:朱永材

(2) 10月6日,开出转账支票,支付前欠广东利源电子有限公司材料款68 000元,如下所示。

| 中国建设银行支票存根(粤) | 中国建设银行支票(粤) | GS 01034001 |
|---|---|---|
| GS 01034001　　　　　　　附加信息＿＿＿＿＿＿＿　　　　　　　　　　　　　　　　　　＿＿＿＿＿＿＿＿＿＿＿＿＿　　　　　　　　　　　　　　　　　出票日期　年　月　日　　　收款人：　　　　　　　　　　　　　　　　金　额：　　　　　　　　　　　　　　　用　途：　　　　　　　　　　　　　　　单位主管　　会计 | 付款期限自出票之日起十天 | 出票日期(大写)　年　月　日　　付款行名称：　　收款人：　　　　　　　　　　　　出票人账号：　　人民币(大写)　｜千｜百｜十｜万｜千｜百｜十｜元｜角｜分｜　　用途　　　　　　　　　　　　　密码＿＿＿＿＿＿＿　　　　　　　　　　　　　　　　　　行号＿＿＿＿＿＿＿　　上列款项请从我账户内支付　[广东桥心电器有限公司财务专用章]　[陈乔欣]　　出票人签章　　　　　　　　　　复核　　记账 |

| 附加信息: | 被背书人 | 被背书人 | (粘贴单处) | 根据《中华人民共和国票据法》等法律法规的规定,签发空头支票由中国人民银行处以票面金额5%但不低于1 000元的罚款。 |
|---|---|---|---|---|
| | 背书人签章　年　月　日 | 背书人签章　年　月　日 | | |

（3）10月6日，购买硒鼓，交行政办公室使用，以现金给付，如下所示。

## 广东增值税普通发票

4417641746　　　　　　　　　　　　　　　　　　　　　No 364261401

发票联　　　　　　　　　　　　　　　　开票日期：2019年10月06日

| 购买方 | 名　　称：广东桥心电器有限公司<br>纳税人识别号：440703256268024<br>地址、电话：惠州市仲恺大道248号 88327589<br>开户行及账号：惠州市建行仲恺支行 71682674052 | 密码区 | （略） |
|---|---|---|---|

| 货物或应税劳务、服务名称 | 规格型号 | 单位 | 数量 | 单价 | 金额 | 税率 | 税额 |
|---|---|---|---|---|---|---|---|
| *计算机配套产品*硒鼓 | | 个 | 10 | 80.00 | 800.00 | 3% | 24.00 |
| 合　　计 | | | | | ¥800.00 | | ¥24.00 |

| 价税合计（大写） | ⊗捌佰贰拾肆圆整 | （小写）¥824.00 |
|---|---|---|

| 销售方 | 名　　称：惠州新新文化用品公司<br>纳税人识别号：440703443246024<br>地址、电话：惠州市新联路96号 86669852<br>开户行及账号：惠州建行新联支行 71987313156 | 备注 | 惠州新新文化用品公司<br>440703443246024<br>发票专用章 |
|---|---|---|---|

收款人：肖联新　　　复核：　　　开票人：肖联新　　　销售方：（章）

第二联：发票联　购买方记账凭证

（国家税务总局2017年第16号公告规定，自2017年7月1日起，发票内容应按照实际销售情况如实开具，销售方不得开具"办公用品""日用品"等大类项目增值税发票，否则相关发票作废票处理。）

## 费用报销单

2019年10月06日

| 报销部门 | 管理部门 | 报销人 | 黄丽虹 |
|---|---|---|---|
| 费用项目 | 单据张数 | 金额（元） | 备注 |
| 硒鼓 | 1 | 824.00 | |
| | | | 现金付讫 |
| 合计 | | ¥824.00 | |
| 金额（大写）人民币捌佰贰拾肆元整 | | | |
| 单位领导审批：同意　　　陈乔欣 | | 部门主管审批：同意　　　聂源珍 | |

会计主管：何建明　　　　　复核：杨晓梅　　　　　出纳：谢惠新

（4）10月9日，向广东华新钢材有限公司采购HDP钢板一批，收到增值税专用发票与货物运费增值税专用发票（运费已由华新钢材公司垫付），款项已付，钢板尚未收到，如下所示。

## 三、经济业务

**4408241741**

**广东增值税专用发票** No 421061401

发票联　开票日期：2019 年 10 月 09 日

| 购买方 | 名　　称：广东桥心电器有限公司<br>纳税人识别号：440703256268024<br>地　址、电　话：惠州市仲恺大道 248 号 88327589<br>开户行及账号：惠州市建行仲恺支行 71682674052 | 密码区 | （略） |

| 货物或应税劳务、服务名称 | 规格型号 | 单位 | 数量 | 单价 | 金额 | 税率 | 税额 |
|---|---|---|---|---|---|---|---|
| *黑色金属冶炼压延品* HDP 钢板 |  | 千克 | 2 000 | 14.60 | 29 200.00 | 13% | 3 796.00 |
| 合　　计 |  |  |  |  | ¥29 200.00 |  | ¥3 796.00 |

| 价税合计（大写） | ⊗叁万贰仟玖佰玖拾陆圆整 | （小写）¥32 996.00 |

| 销售方 | 名　　称：广东华新钢材有限公司<br>纳税人识别号：440703568268026<br>地　址、电　话：惠州市惠南大道 96 号 86637584<br>开户行及账号：惠州建行惠南支行 71606313052 | 备注 | 广东华新钢材有限公司<br>440703568268026<br>发票专用章 |

收款人：张泽林　　复核：李立华　　开票人：陈红娜　　销售方：（章）

第三联：发票联　购买方记账凭证

---

**4406235372**

**广东增值税专用发票** No 391061001

发票联　开票日期：2019 年 10 月 09 日

| 购买方 | 名　　称：广东桥心电器有限公司<br>纳税人识别号：440703256268024<br>地　址、电　话：惠州市仲恺大道 248 号 88327589<br>开户行及账号：惠州市建行仲恺支行 71682674052 | 密码区 | （略） |

| 货物或应税劳务、服务名称 | 规格型号 | 单位 | 数量 | 单价 | 金额 | 税率 | 税额 |
|---|---|---|---|---|---|---|---|
| *运输服务* 运输 |  |  |  |  | 300.00 | 9% | 27.00 |
| 合　　计 |  |  |  |  | ¥300.00 |  | ¥27.00 |

| 价税合计（大写） | ⊗叁佰贰拾柒圆整 | （小写）¥327.00 |

| 销售方 | 名　　称：广东通达快递有限公司<br>纳税人识别号：440766208268039<br>地　址、电　话：惠州市惠南大道 119 号 83697282<br>开户行及账号：惠州交行惠南支行 71658643031 | 备注 | 广东通达快递有限公司<br>惠南大道——仲恺大道<br>HDP 钢板<br>440766208268039<br>发票专用章 |

收款人：　　复核：　　开票人：李晓红　　销售方：（章）

第三联：发票联　购买方记账凭证

---

| 中国建设银行支票存根（粤）<br>GS 01034002<br>附加信息＿＿＿＿＿＿＿＿＿<br>　　　　　＿＿＿＿＿＿＿＿＿<br>出票日期　年　月　日<br>收款人：<br>金　额：<br>用　途：<br>单位主管　　会计 | 中国建设银行支票（粤）　　　　　　　　　　GS 01034002<br>付款期限自出票之日起十天<br>出票日期（大写）　年　月　日　　付款行名称：<br>收款人：　　　　　　　　　　　　　出票人账号：<br>人民币（大写）　　　　　　　　　　千百十万千百十元角分<br>用途＿＿＿＿＿　　　　　　　密码＿＿＿＿＿＿＿＿＿<br>上列款项请从我账户内支付　　行号＿＿＿＿＿＿＿＿＿<br>出票人签章　广东桥心电器有限公司财务专用章　　陈乔欣　复核　　记账 |

17

| 附加信息： | 被背书人<br><br>背书人签章<br>年 月 日 | 被背书人<br><br>背书人签章<br>年 月 日 | （粘贴单处） | 根据《中华人民共和国票据法》等法律法规的规定，签发空头支票由中国人民银行处以票面金额5%但不低于1 000元的罚款。 |
|---|---|---|---|---|

（5）10月9日，根据合同向广东海天电器有限公司销售电热壶800只，单价62元，电饭锅200只，单价165元，开出增值税专用发票，款项已收到，如下所示。

4601041141　　　　　　　　**广东增值税专用发票**　　　　　　　　No 031131001

发票联　　　　开票日期：2019 年 10 月 09 日

| 购买方 | 名　　称：广东海天电器有限公司<br>纳税人识别号：440103564568023<br>地　址、电话：广州市中山大道272号 89937584<br>开户行及账号：广州工行新华支行 11634813054 | 密码区 | （略） |
|---|---|---|---|

| 货物或应税劳务、服务名称 | 规格型号 | 单位 | 数量 | 单价 | 金额 | 税率 | 税额 |
|---|---|---|---|---|---|---|---|
| *家用电器 *电热壶 |  | 只 | 800 | 62.00 | 49 600.00 | 13% | 6 448.00 |
| *家用厨房电器具 *电饭锅 |  | 只 | 200 | 165.00 | 33 000.00 | 13% | 4 290.00 |
| 合　　计 |  |  |  |  | ￥82 600.00 |  | ￥10 738.00 |

| 价税合计（大写） | ⊗ 玖万叁仟叁佰叁拾捌圆整 | （小写）￥93 338.00 |
|---|---|---|

| 销售方 | 名　　称：广东桥心电器有限公司<br>纳税人识别号：440703256268024<br>地　址、电话：惠州市仲恺大道248号 88327589<br>开户行及账号：惠州市建行仲恺支行 71682674052 | 备注 |  |
|---|---|---|---|

收款人：谢惠新　　　复核：杨晓梅　　　开票人：王耀林　　　销售方：（章）

第三联：发票联　购买方记账凭证

4601041141　　　　　　　　**广东增值税专用发票**　　　　　　　　No 031131001

此联不作报销、扣税凭证使用　　开票日期：2019 年 10 月 09 日

| 购买方 | 名　　称：广东海天电器有限公司<br>纳税人识别号：440103564568023<br>地　址、电话：广州市中山大道272号 89937584<br>开户行及账号：广州工行新华支行 11634813054 | 密码区 | （略） |
|---|---|---|---|

| 货物或应税劳务、服务名称 | 规格型号 | 单位 | 数量 | 单价 | 金额 | 税率 | 税额 |
|---|---|---|---|---|---|---|---|
| *家用电器 *电热壶 |  | 只 | 800 | 62.00 | 49 600.00 | 13% | 6 448.00 |
| *家用厨房电器具 *电饭锅 |  | 只 | 200 | 165.00 | 33 000.00 | 13% | 4 290.00 |
| 合　　计 |  |  |  |  | ￥82 600.00 |  | ￥10 738.00 |

| 价税合计（大写） | ⊗ 玖万叁仟叁佰叁拾捌圆整 | （小写）￥93 338.00 |
|---|---|---|

| 销售方 | 名　　称：广东桥心电器有限公司<br>纳税人识别号：440703256268024<br>地　址、电话：惠州市仲恺大道248号 88327589<br>开户行及账号：惠州市建行仲恺支行 71682674052 | 备注 |  |
|---|---|---|---|

收款人：谢惠新　　　复核：杨晓梅　　　开票人：王耀林　　　销售方：（章）

第一联：记账联　销售方记账凭证

## 三、经济业务

**中国工商银行支票(粤)**　　　　　　　　　　　　　　　GS 13853041

出票日期(大写)：贰零壹玖年零壹拾月零玖日　　付款行名称：广州工行新华支行
收款人：广东桥心电器有限公司　　　　　　　　出票人账号：11634813054

人民币(大写)：玖万叁仟叁佰叁拾捌元整　　￥93338.00

用途：支付货款

上列款项请从我账户内支付
出票人签章：广东海天电器有限公司财务专用章　刘天福

密码：_____
行号：_____
复核　　记账

付款期限自出票之日起十天

附加信息：

被背书人：
背书人签章
年　月　日

被背书人：
背书人签章
年　月　日

---

**中国建设银行进账单（回单）**　　　　　　　　　1

年　月　日

| 出票人 | 全称 | | 收款人 | 全称 | |
|---|---|---|---|---|---|
| | 账号 | | | 账号 | |
| | 开户银行 | | | 开户银行 | |
| 金额 | 人民币（大写） | | 亿千百十万千百十元角分 | | |

票据种类　　　　　　票据张数
票据号码
复核　　记账　　　　　　　　　　开户银行盖章

此联是开户银行交给持（出）票人的回单

---

**产品出库单**

2019年10月09日　　　　　　　　　　　　　　　第01001号

| 产品名称 | 规格 | 型号 | 单位 | 数量 | 单位成本 | 金额(元) |
|---|---|---|---|---|---|---|
| 电热壶 | | | 只 | 800 | | |
| 电饭锅 | | | 只 | 200 | | |

仓库主管：陈德明　　复核：杨晓梅　　发货：朱永材　　制单：梁晓芳

三、经济业务

(6) 10月9日,向广东华新钢材有限公司采购HDP钢板到达,验收合格入库,如下所示。

## 收 料 单

2019年10月9日　　　　　　　　　　　　　　　　收字第1002号

| 材料名称 | 规格型号 | 单 位 | 应收数量 | 实收数量 | 金额(元) |
|---|---|---|---|---|---|
| HDP钢板 |  | 千克 | 2 000 | 2 000 | 29 500.00 |
|  |  |  |  |  |  |

仓库主管:陈德明　　　　　　验收:李怡华　　　　　　收料:朱永材

(7) 10月9日,领用材料,投入6 000只电热壶、2 000只电饭锅生产,如下所示。

## 领 料 单

用途:生产电热壶　　　　2019年10月9日　　　　领字第01001号

| 材料名称 | 规格型号 | 单 位 | 请领数量 | 实发数量 | 金额(元) |
|---|---|---|---|---|---|
| HDP钢板 |  | 千克 | 1 200 | 1 200 |  |
| SEP塑料 |  | 千克 | 1 200 | 1 200 |  |
| DRH电路板 |  | 块 | 6 000 | 6 000 |  |

仓库主管:陈德明　　复核:杨晓梅　　发料:朱永材　　制单:梁晓芳

## 领 料 单

用途:生产电饭锅　　　　2019年10月9日　　　　领字第01002号

| 材料名称 | 规格型号 | 单 位 | 请领数量 | 实发数量 | 金额(元) |
|---|---|---|---|---|---|
| HDP钢板 |  | 千克 | 1 200 | 1 200 |  |
| SEP塑料 |  | 千克 | 1 200 | 1 200 |  |
| DFG电路板 |  | 块 | 2 000 | 2 000 |  |

仓库主管:陈德明　　复核:杨晓梅　　发料:朱永材　　制单:梁晓芳

(8) 10月11日,向广东新怡塑料有限公司采购SEP塑料一批,收到增值税专用发票,款项已付,SEP塑料验收合格入库,如下所示。

4406541741　　　　　**广东增值税专用发票**　　　　No 341061401

发票联　　　　　　　　　　　　　开票日期:2019年10月11日

| 购买方 | 名　　称:广东桥心电器有限公司<br>纳税人识别号:440703256268024<br>地　址、电　话:惠州市仲恺大道248号88327589<br>开户行及账号:惠州市建行仲恺支行71682674052 | 密码区 | (略) |
|---|---|---|---|

| 货物或应税劳务、服务名称 | 规格型号 | 单位 | 数量 | 单价 | 金额 | 税率 | 税额 |
|---|---|---|---|---|---|---|---|
| *塑料制品*SEP塑料 |  | 千克 | 4 000 | 11.60 | 46 400.00 | 13% | 6 032.00 |
| 合　　　计 |  |  |  |  | ￥46 400.00 |  | ￥6 032.00 |

| 价税合计(大写) | ⊗伍万贰仟肆佰叁拾贰圆整　　　　　　　(小写)￥52 432.00 |
|---|---|

| 销售方 | 名　　称:广东新怡塑料有限公司<br>纳税人识别号:440703285268026<br>地　址、电　话:惠州市仲恺大道19号89937587<br>开户行及账号:惠州工行仲恺支行71606913123 | 备注 | (广东新怡塑料有限公司<br>440703285268026<br>发票专用章) |
|---|---|---|---|

收款人:张泽林　　复核:李立华　　开票人:陈红娜　　销售方:(章)

第三联:发票联　购买方记账凭证

## 中国建设银行支票存根（粤）
GS 01034003

附加信息 _____
_____

出票日期 2019 年 10 月 11 日

| 收款人 | 广东新怡塑料有限公司 |
|---|---|
| 金 额 | ￥52 432.00 |
| 用 途 | 支付货款 |

单位主管 陈乔欣　会计 杨晓梅

## 中国建设银行支票（粤）
GS 01034003

出票日期（大写）贰零壹玖年零壹拾月壹拾壹日　付款行名称：惠州建行仲恺支行
收款人：广东新怡塑料有限公司　出票人账号：71682674052

人民币（大写）　伍万贰仟肆佰叁拾贰元整　￥52432.00

用途　支付货款

上列款项请从我账户内支付
出票人签章　广东桥心电器有限公司 财务专用章

密码 _____
行号 _____
陈乔欣
复核　　　记账

付款期限自出票之日起十天

附加信息：

| | 被背书人 | 被背书人 |
|---|---|---|
| | | |
| | 背书人签章<br>年　月　日 | 背书人签章<br>年　月　日 |

（粘贴单处）

根据《中华人民共和国票据法》等法律法规的规定，签发空头支票由中国人民银行处以票面金额 5% 但不低于 1 000 元的罚款。

## 收 料 单

2019 年 10 月 11 日　　　收字第 1002 号

| 材料名称 | 规格型号 | 单 位 | 应收数量 | 实收数量 | 金额（元） |
|---|---|---|---|---|---|
| SEP 塑料 | | 千克 | 4 000 | 4 000 | 46 400.00 |
| | | | | | |

仓库主管：陈德明　　　验收：李怡华　　　收料：朱永材

（9）10 月 12 日，向佛山海纳电器有限公司销售电热壶 1 500 只，原价 65 元；电饭锅 600 只，原价 160 元，考虑到销售量较大，给予 98 折优惠，开出增值税专用发票，已收到海纳公司的货款，如下所示。

4601041141

## 广东增值税专用发票
发票联
No 031131002
开票日期：　年　月　日

| 购买方 | 名　称：<br>纳税人识别号：<br>地　址、电　话：<br>开户行及账号： | | | | | 密码区 | | （略） | |
|---|---|---|---|---|---|---|---|---|---|

| 货物或应税劳务、服务名称 | 规格型号 | 单位 | 数量 | 单价 | 金额 | 税率 | 税额 |
|---|---|---|---|---|---|---|---|
| | | | | | | | |
| 合　　计 | | | | | | | |

| 价税合计（大写） | ⊗ | | | | （小写） | | |
|---|---|---|---|---|---|---|---|

| 销售方 | 名　称：<br>纳税人识别号：<br>地　址、电　话：<br>开户行及账号： |
|---|---|

广东桥心电器有限公司
440703256268024
发票专用章

收款人：谢惠新　　复核：杨晓梅　　开票人：王耀林　　销售方：（章）

第三联：发票联 购买方记账凭证

三、经济业务

4601041141

## 广东增值税专用发票

此联不作报销、扣税凭证使用　　开票日期：　年　月　日

No 031131002

第一联：记账联　销售方记账凭证

| 购买方 | 名　　称：<br>纳税人识别号：<br>地　址、电　话：<br>开户行及账号： | | | | | 密码区 | （略） | | |
|---|---|---|---|---|---|---|---|---|---|
| 货物或应税劳务、服务名称 | 规格型号 | 单位 | 数量 | 单价 | 金额 | | 税率 | 税额 | |
| 合　　　计 | | | | | | | | | |
| 价税合计（大写） | ⊗ | | | | | | （小写） | | |
| 销售方 | 名　　称：<br>纳税人识别号：<br>地　址、电　话：<br>开户行及账号： | | | | | 备注 | | | |

收款人：谢惠新　　　复核：杨晓梅　　　开票人：王耀林　　　销售方：（章）

---

## 中国银行支票（粤）

GS 24653021

出票日期(大写) 贰零壹玖年零壹拾月壹拾贰日　　付款行名称：佛山中行河滨支行
收款人：广东桥心电器有限公司　　　　　　　　　　出票人账号：31657443031

| 人民币<br>(大写) | 贰拾壹万肆仟贰佰捌拾壹元玖角整 | 千 | 百 | 十 | 万 | 千 | 百 | 十 | 元 | 角 | 分 |
|---|---|---|---|---|---|---|---|---|---|---|---|
| | | | ¥ | 2 | 1 | 4 | 2 | 8 | 1 | 9 | 0 |

付款期限自出票之日起十天

用途　　支付货款

上列款项请从
我账户内支付
出票人签章

【佛山海纳电器有限公司财务专用章】

【李惠华】

密码_____
行号_____
复核　　　记账

| 附加信息： | 被背书人：惠州市建行仲恺支行<br><br>委托收款<br>【广东桥心电器有限公司财务专用章】　【陈乔欣】<br><br>背书人签章<br>2019年10月12日 | 被背书人：<br><br><br><br><br><br>背书人签章<br>　年　月　日 |
|---|---|---|

## 中国建设银行进账单 （回 单）

2019 年 10 月 12 日

| 出票人 | 全 称 | 佛山海纳电器有限公司 | 收款人 | 全 称 | 广东桥心电器有限公司 |
|---|---|---|---|---|---|
| | 账 号 | 31657443031 | | 账 号 | 71682674052 |
| | 开户银行 | 佛山中行河滨支行 | | 开户银行 | 惠州市建行仲恺支行 |

| 金额 | 人民币（大写） | 贰拾壹万肆仟贰佰捌拾壹元玖角整 | 亿 | 千 | 百 | 十 | 万 | 千 | 百 | 十 | 元 | 角 | 分 |
|---|---|---|---|---|---|---|---|---|---|---|---|---|---|
| | | | | | ¥ | 2 | 1 | 4 | 2 | 8 | 1 | 9 | 0 |

| 票据种类 | 支票 | 票据张数 | 壹 |
|---|---|---|---|
| 票据号码 | GS 24653021 | | |

| 复核 | 记账 | 开户银行盖章 |
|---|---|---|

此联是开户银行交给持（出）票人的回单

## 产品出库单

2019 年 10 月 12 日　　　　第 01002 号

| 产品名称 | 规 格 | 型 号 | 单 位 | 数 量 | 单位成本 | 金额（元） |
|---|---|---|---|---|---|---|
| 电热壶 | | | 只 | 1 500 | | |
| 电饭锅 | | | 只 | 600 | | |

仓库主管：陈德明　　复核：杨晓梅　　发货：朱永材　　制单：梁晓芳

（10）10 月 13 日，收到转账支票一张，系广州百福电器有限公司支付前欠货款，如下所示。

## 中国建设银行支票（粤）　　GS 01044031

出票日期（大写）贰零壹玖年零壹拾月壹拾叁日　　付款行名称：广州建行光明支行
收款人：广东桥心电器有限公司　　　　　　　　　出票人账号：15676243355

| 人民币（大写）伍万元整 | 千 | 百 | 十 | 万 | 千 | 百 | 十 | 元 | 角 | 分 |
|---|---|---|---|---|---|---|---|---|---|---|
| | | | ¥ | 5 | 0 | 0 | 0 | 0 | 0 | 0 |

用途　支付货款

上列款项请从我账户内支付
出票人签章

广州百福电器有限公司财务专用章

何欣怡

密码＿＿＿＿＿＿＿＿
行号＿＿＿＿＿＿＿＿
复核　　记账

付款期限自出票之日起十天

| 附加信息： | 被背书人： | 被背书人： |
|---|---|---|
| | 背书人签章　年 月 日 | 背书人签章　年 月 日 |

## 中国建设银行进账单 （回 单）  1

年　月　日

| 出票人 | 全　称 | | 收款人 | 全　称 | | 亿 千 百 十 万 千 百 十 元 角 分 |
|---|---|---|---|---|---|---|
| | 账　号 | | | 账　号 | | |
| | 开户银行 | | | 开户银行 | | |
| 金额 | 人民币（大写） | | | | | |
| 票据种类 | | 票据张数 | | | | |
| 票据号码 | | | | | | |
| 复核 | | 记账 | | | 开户银行盖章 | |

*此联是开户银行交给持（出）票人的回单*

（11）10月12日，上缴9月未交增值税、附加税费以及预缴企业所得税，如下所示。

### 惠州市电子缴税系统回单

纳税人名称：广东桥心电器有限公司　　　　　　　　　纳税人编号：440703256268024

| 付款人名称 | 广东桥心电器有限公司 | 收款人名称 | 惠州市税务局 |
|---|---|---|---|
| 付款人账号 | 71682674052 | 收款人账号 | 71693665075 |
| 付款人开户行 | 惠州市建行仲恺支行 | 收款人开户行 | 国家金库惠州支库 |
| 款项内容 | 代扣（国税）税款 | 电子税票号 | 013262856 |

| 税　种 | 所属期 | 纳税金额 | 备　注 |
|---|---|---|---|
| 增值税 | 2019.09.01～2019.09.30 | 49 270.00 | 中国建设银行股份有限公司 惠州仲恺支行 2019.10.12 办讫章 (2) |
| | | | |
| 合　计 | — | ￥49 270.00 | |
| 人民币（大写）肆万玖仟贰佰柒拾元整 | | | |

经办：　　　　　　　复核：　　　　　　　　　　　　　　　　打印日期：2019.10.12

### 惠州市电子缴税系统回单

纳税人名称：广东桥心电器有限公司　　　　　　　　　纳税人编号：440703256268024

| 付款人名称 | 广东桥心电器有限公司 | 收款人名称 | 惠州市税务局 |
|---|---|---|---|
| 付款人账号 | 71682674052 | 收款人账号 | 71682165072 |
| 付款人开户行 | 惠州市建行仲恺支行 | 收款人开户行 | 国家金库惠州支库 |
| 款项内容 | 代扣（地税）税款 | 电子税票号 | 013262872 |

| 税　种 | 所属期 | 纳税金额 | 备　注 |
|---|---|---|---|
| 城市维护建设税 | 2019.09.01～2019.09.30 | 3 448.90 | 中国建设银行股份有限公司 惠州仲恺支行 2019.10.12 办讫章 (2) |
| 教育费附加 | 2019.09.01～2019.09.30 | 1 478.10 | |
| 地方教育费附加 | 2019.09.01～2019.09.30 | 985.40 | |
| 堤围防护费 | 2019.09.01～2019.09.30 | 771.84 | |
| 印花税 | 2019.09.01～2019.09.30 | 321.60 | |
| 个人所得税 | 2019.09.01～2019.09.30 | 641.78 | |
| 合　计 | — | ￥7 647.62 | |
| 人民币（大写）柒仟陆佰肆拾柒元陆角贰分 | | | |

经办：　　　　　　　复核：　　　　　　　　　　　　　　　　打印日期：2019.10.12

（备注：印花税按购销合同所列营业收入的3‰计算。）

## 惠州市电子缴税系统回单

纳税人名称：广东桥心电器有限公司　　　　　　　　　纳税人编号：440703256268024

| 付款人名称 | 广东桥心电器有限公司 | 收款人名称 | 惠州市税务局 |
|---|---|---|---|
| 付款人账号 | 71682674052 | 收款人账号 | 71693665075 |
| 付款人开户行 | 惠州市建行仲恺支行 | 收款人开户行 | 国家金库惠州支库 |
| 款项内容 | 代扣（国税）税款 | 电子税票号 | 013262857 |
| 税种 | 所属期 | 纳税金额 | 备注 |
| 企业所得税 | 2019.09.01～2019.09.30 | 40 399.00 | |
| | | | |
| | | | |
| 合　计 | — | ￥40 399.00 | |
| 人民币（大写）肆万零叁佰玖拾玖元整 | | | |

经办：　　　　　复核：　　　　　　　　　　　　　　打印日期：2019.10.12

（备注区加盖：中国建设银行股份有限公司 惠州仲恺支行 2019.10.12 办讫章(2)）

（12）10月16日，收到深圳佳缘电器有限公司支付的前欠货款，如下所示。

## 电 汇 凭 证（收账通知）　　4　　No 006843901

第 041001 号　　　　　　　　　　　　　　　　委托日期　2019年10月16日

| 汇款人 | 全　称 | 深圳佳缘电器有限公司 | 收款人 | 全　称 | 广东桥心电器有限公司 |
|---|---|---|---|---|---|
| | 账号或住址 | 21934783058 | | 账号或住址 | 71682674052 |
| | 汇出地点 | 广东深圳 | 汇出行名称 | 工行怡景支行 | 汇入地点 | 广东惠州 | 汇入行名称 | 建行仲恺支行 |
| 金额 | 人民币（大写）　陆万元整 | | | | ￥60 000.00 |
| 汇款用途：支付货款 | | | | | |
| 上列款项已根据委托办理，如需查询，请持此回单来行面谈 | | | | | |

（加盖：中国建设银行股份有限公司 惠州仲恺支行 2019.10.16 办讫章(2)（汇入行盖章））

此联为收款人收账通知

（13）10月16日，向广东利源电子有限公司采购DRH电路板一批，收到增值税专用发票，款项已付，DRH电路板验收合格入库，如下所示。

## 三、经济业务

**4407541253**　　　　　　　广东增值税专用发票　　　　　　　No 346073101

发票联　　　　　　　　　开票日期：2019 年 10 月 16 日

| 购买方 | 名　　称：广东桥心电器有限公司<br>纳税人识别号：440703256268024<br>地 址、电 话：惠州市仲恺大道 248 号 88327589<br>开户行及账号：惠州市建行仲恺支行 71682674052 | 密码区 | （略） |
|---|---|---|---|

| 货物或应税劳务、服务名称 | 规格型号 | 单位 | 数量 | 单价 | 金额 | 税率 | 税额 |
|---|---|---|---|---|---|---|---|
| *印制电路板*DRH 电路板 |  | 块 | 4 000 | 12.50 | 50 000.00 | 13% | 6 500.00 |
| 合　　计 |  |  |  |  | ￥50 000.00 |  | ￥6 500.00 |

| 价税合计（大写） | ⊗伍万陆仟伍佰圆整　　　　　　　　　　（小写）￥56 500.00 |
|---|---|

| 销售方 | 名　　称：广东利源电子有限公司<br>纳税人识别号：440702498268020<br>地 址、电 话：惠州市金山大道 120 号 86682584<br>开户行及账号：惠州农行金山支行 71682543357 | 备注 | （广东利源电子有限公司<br>440702498268020<br>发票专用章） |
|---|---|---|---|

收款人：　　　　　复核：　　　　　开票人：郑志源　　　　　销售方：（章）

第三联：发票联　购买方记账凭证

---

| 中国建设银行支票存根（粤）<br>GS 01034004<br>附加信息＿＿＿＿＿＿＿＿＿＿<br>＿＿＿＿＿＿＿＿＿＿＿＿＿<br>出票日期　　年　月　日<br>收款人：<br>金　额：<br>用　途：<br>单位主管　　会计 | 付款期限自出票之日起十天 | 中国建设银行支票（粤）　　　　　　　　　GS 01034004<br>出票日期（大写）　　年　月　日　　付款行名称：<br>收款人：<br>人民币（大写）　　　　　　　　　出票人账号：<br>　　　　　　　　　　　　　　　　千百十万千百十元角分<br>用途＿＿＿＿＿＿＿＿＿＿　密码＿＿＿＿＿＿<br>上列款项请从我账户内支付　　　行号＿＿＿＿＿＿<br>出票人签章　广东桥心电器有限公司财务专用章　　陈乔欣<br>　　　　　　　　　　　　　　　复核　　记账 |
|---|---|---|

| 附加信息： | 被背书人<br><br><br><br>背书人签章<br>　年　月　日 | 被背书人<br><br><br><br>背书人签章<br>　年　月　日 | （粘贴单处） | 根据《中华人民共和国票据法》等法律法规的规定，签发空头支票由中国人民银行处以票面金额 5% 但不低于 1 000 元的罚款。 |
|---|---|---|---|---|

## 收 料 单

2019年10月16日　　　　　　　　　　　　　　　　收字第1003号

| 材料名称 | 规格型号 | 单位 | 应收数量 | 实收数量 | 金额(元) |
|---|---|---|---|---|---|
| DRH 电路板 | | 块 | 4 000 | 4 000 | 50 000.00 |
| | | | | | |

仓库主管：陈德明　　　　验收：李怡华　　　　收料：朱永材

（14）10月16日，电热壶2 000只、电饭锅600只完工，验收合格入库，如下所示。

## 产成品入库单

2019年10月16日　　　　　　　　　　　　　　　　收字第0101号

| 产品名称 | 规格型号 | 单位 | 应收数量 | 实收数量 | 金额(元) |
|---|---|---|---|---|---|
| 电热壶 | | 只 | 2 000 | 2 000 | |
| 电饭锅 | | 只 | 600 | 600 | |

仓库主管：陈德明　　复核：朱永材　　验收：李怡华　　制单：梁晓芳

（15）10月17日，向广东福林科技有限公司采购DFG电路板一批，收到增值税专用发票，款项未付，DFG电路板验收合格入库，如下所示。

## 收 料 单

2019年10月17日　　　　　　　　　　　　　　　　收字第1004号

| 材料名称 | 规格型号 | 单位 | 应收数量 | 实收数量 | 金额(元) |
|---|---|---|---|---|---|
| DFG 电路板 | | 块 | 2 500 | 2 500 | 120 000.00 |
| | | | | | |

仓库主管：陈德明　　　　验收：李怡华　　　　收料：朱永材

（16）10月18日，根据合同向深圳佳缘电器有限公司销售电热壶2 000只，单价65元，电饭锅600只，单价165元，开出增值税专用发票。合同约定，按总价款（含税）提供现金折扣，现金折扣条件为(2/10,1/20,n/30)，如下所示。

## 广东增值税专用发票

No 031131003

发票联　　开票日期：　年　月　日

| 购买方 | 名　　称：<br>纳税人识别号：<br>地　址、电　话：<br>开户行及账号： | | | | 密码区 | | （略） | | |
|---|---|---|---|---|---|---|---|---|---|
| 货物或应税劳务、服务名称 | 规格型号 | 单位 | 数量 | 单价 | | 金额 | | 税率 | 税额 |
| 合　　计 | | | | | | | | | |
| 价税合计（大写） | ⊗ | | | | | | （小写） | | |
| 销售方 | 名　　称：<br>纳税人识别号：<br>地　址、电　话：<br>开户行及账号： | | | | 备注 | | | | |

收款人：　　　复核：杨晓梅　　　开票人：王耀林　　　销售方：（章）

（第三联：发票联　购买方记账凭证）

4601041141

## 广东增值税专用发票

No 031131003

此联不作报销、扣税凭证使用　　开票日期：　年　月　日

| 购买方 | 名　　称：<br>纳税人识别号：<br>地　址、电　话：<br>开户行及账号： | | | | 密码区 | | （略） | | |
|---|---|---|---|---|---|---|---|---|---|
| 货物或应税劳务、服务名称 | 规格型号 | 单位 | 数量 | 单价 | | 金额 | | 税率 | 税额 |
| 合　　计 | | | | | | | | | |
| 价税合计（大写） | ⊗ | | | | | | （小写） | | |
| 销售方 | 名　　称：<br>纳税人识别号：<br>地　址、电　话：<br>开户行及账号： | | | | 备注 | | | | |

收款人：　　　复核：杨晓梅　　　开票人：王耀林　　　销售方：（章）

（第一联：记账联　销售方记账凭证）

## 产品出库单

2019 年 10 月 18 日　　　　第 01003 号

| 产品名称 | 规　格 | 型　号 | 单位 | 数量 | 单位成本 | 金额（元） |
|---|---|---|---|---|---|---|
| 电热壶 | | | 只 | 2 000 | | |
| 电饭锅 | | | 只 | 600 | | |

仓库主管：陈德明　　复核：杨晓梅　　发货：朱永材　　制单：梁晓芳

（17）10 月 18 日，领用材料，投入 5 000 只电热壶、1 500 只电饭锅生产，如下所示。

## 领 料 单

用途：生产电热壶　　　　　　2019年10月18日　　　　　　领字第01003号

| 材料名称 | 规格型号 | 单位 | 请领数量 | 实发数量 | 金额(元) |
|---|---|---|---|---|---|
| HDP钢板 | | 千克 | 1 000 | 1 000 | |
| SEP塑料 | | 千克 | 1 000 | 1 000 | |
| DRH电路板 | | 块 | 5 000 | 5 000 | |

仓库主管：陈德明　　　复核：杨晓梅　　　发料：朱永材　　　制单：梁晓芳

## 领 料 单

用途：生产电饭锅　　　　　　2019年10月18日　　　　　　领字第01004号

| 材料名称 | 规格型号 | 单位 | 请领数量 | 实发数量 | 金额(元) |
|---|---|---|---|---|---|
| HDP钢板 | | 千克 | 900 | 900 | |
| SEP塑料 | | 千克 | 900 | 900 | |
| DFG电路板 | | 块 | 1 500 | 1 500 | |

仓库主管：陈德明　　　复核：杨晓梅　　　发料：朱永材　　　制单：梁晓芳

(18) 10月20日，电热壶4 000只、电饭锅1 000只完工，验收合格入库，如下所示。

## 产成品入库单

2019年10月20日　　　　　　收字第0102号

| 产品名称 | 规格型号 | 单位 | 应收数量 | 实收数量 | 备注 |
|---|---|---|---|---|---|
| 电热壶 | | 只 | 4 000 | 4 000 | |
| 电饭锅 | | 只 | 1 000 | 1 000 | |

仓库主管：陈德明　　　复核：朱永材　　　验收：李怡华　　　制单：梁晓芳

(19) 10月20日，根据合同向广东金程电器有限公司销售电热壶1 200只，单价65元，电饭锅400只，单价162元，开出增值税专用发票。采用预收款结算，并收到支票一张系补付余款，如下所示。

4601041141　　　　**广东增值税专用发票**　　　　No 031131004

### 发 票 联

开票日期：　年　月　日

| 购买方 | 名　　称： | | | | | | |
|---|---|---|---|---|---|---|---|
| | 纳税人识别号： | | | 密码区 | | (略) | |
| | 地址、电话： | | | | | | |
| | 开户行及账号： | | | | | | |

| 货物或应税劳务、服务名称 | 规格型号 | 单位 | 数量 | 单价 | 金额 | 税率 | 税额 |
|---|---|---|---|---|---|---|---|
| | | | | | | | |
| 合　　计 | | | | | | | |

| 价税合计(大写) | ⊗ | | | (小写) | |
|---|---|---|---|---|---|

| 销售方 | 名　　称： | | 备注 | |
|---|---|---|---|---|
| | 纳税人识别号： | | | |
| | 地址、电话： | | | |
| | 开户行及账号： | | | |

收款人：　　　复核：杨晓梅　　　开票人：王耀林　　　销售方：(章)

第三联：发票联　购买方记账凭证

## 三、经济业务

4601041141

**广东增值税专用发票**   No 031131004

此联不作报销、扣税凭证使用　　开票日期：　年　月　日

第一联：记账联　销售方记账凭证

| 购买方 | 名　　　称： | | | | | 密码区 | | （略） | |
|---|---|---|---|---|---|---|---|---|---|
| | 纳税人识别号： | | | | | | | | |
| | 地　址、电　话： | | | | | | | | |
| | 开户行及账号： | | | | | | | | |

| 货物或应税劳务、服务名称 | 规格型号 | 单位 | 数量 | 单价 | 金额 | 税率 | 税额 |
|---|---|---|---|---|---|---|---|
| | | | | | | | |
| 合　　　计 | | | | | | | |

| 价税合计（大写） | ⊗ | （小写） |
|---|---|---|

| 销售方 | 名　　　称： | | 备注 | |
|---|---|---|---|---|
| | 纳税人识别号： | | | |
| | 地　址、电　话： | | | |
| | 开户行及账号： | | | |

收款人：　　　复核：杨晓梅　　　开票人：王耀林　　　销售方：(章)

## 产品出库单

2019 年 10 月 20 日　　　　　　　　　　第 01004 号

| 产品名称 | 规　格 | 型　号 | 单位 | 数　量 | 单位成本 | 金额(元) |
|---|---|---|---|---|---|---|
| 电热壶 | | | 只 | 1 200 | | |
| 电饭锅 | | | 只 | 400 | | |

仓库主管：陈德明　　　复核：杨晓梅　　　发货：朱永材　　　制单：梁晓芳

---

**中国农业银行支票(粤)**　　　　　　　　　　GS 13353011

出票日期(大写)贰零壹玖年零壹拾月零贰拾日　　付款行名称：惠州农行惠南支行
收款人：广东桥心电器有限公司　　　　　　　　出票人账号：71235469056

| 人民币（大写） | 壹拾伍万壹仟叁佰陆拾肆元整 | 千 | 百 | 十 | 万 | 千 | 百 | 十 | 元 | 角 | 分 |
|---|---|---|---|---|---|---|---|---|---|---|---|
| | | | ¥ | 1 | 5 | 1 | 3 | 6 | 4 | 0 | 0 |

付款期限自出票之日起十天

用途　支付货款

上列款项请从我账户内支付
出票人签章

广东金程电器有限公司财务专用章

程建源

密码＿＿＿＿＿＿＿＿
行号＿＿＿＿＿＿＿＿
复核　　　记账

| 附加信息： | 被背书人： | 被背书人： |
|---|---|---|
| | | |
| | 背书人签章 | 背书人签章 |
| | 年　月　日 | 年　月　日 |

## 三、经 济 业 务

### 中国建设银行进账单 （回 单）  1

年　月　日

| 出票人 | 全　称 | | 收款人 | 全　称 | |
|---|---|---|---|---|---|
| | 账　号 | | | 账　号 | |
| | 开户银行 | | | 开户银行 | |
| 金额 | 人民币（大写） | | | 亿千百十万千百十元角分 | |
| 票据种类 | | 票据张数 | | | |
| 票据号码 | | | | | |
| 复核　　记账 | | | | 开户银行盖章 | |

此联是开户银行交给持（出）票人的回单

(20) 10 月 20 日，银行代发上月工资，如下所示。

### 中国建设银行对公客户付款通知单

币别：人民币　　　　2019 年 10 月 20 日　　　　交易种类：支付工资

| 付款人 | 全　称 | 广东桥心电器有限公司 | 收款人 | 全　称 | |
|---|---|---|---|---|---|
| | 账　号 | 71682674052 | | 账　号 | |
| | 开户行 | 建行仲恺支行 | | 开户行 | |
| 大写金额 | （人民币）叁拾伍万壹仟捌佰叁拾肆元肆角贰分 | | | | ¥351 834.42 |
| 上述款项已从你单位存款账户71682674052 支付。 | | | | | （银行盖章） |
| 会计主管：　　　　复核：　　　　记账： | | | | | |

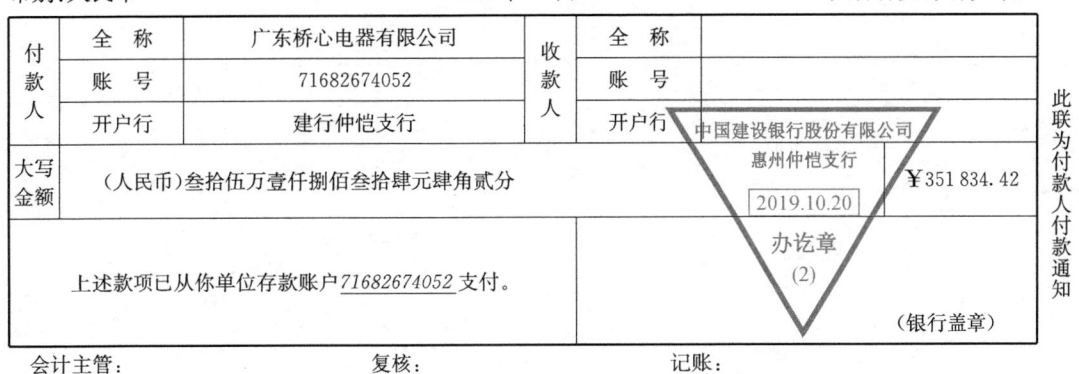

此联为付款人付款通知

### 工 资 清 单

2019 年 09 月 30 日　　　　　　　　　　　　　　　　单位：元

| 序号 | 姓名 | 账号 | 基本工资 | 奖金 | 津贴补贴 | 应付工资 | 养老/失业保险 | 医疗保险 | 住房公积金 | 个人所得税 | 实发工资 |
|---|---|---|---|---|---|---|---|---|---|---|---|
| 1 | 陈乔欣 | 71682162301 | 3 080.00 | 1 500.00 | 800.00 | 5 280.00 | 432.96 | 105.60 | 422.40 | 24.57 | 4 203.80 |
| 2 | 何建明 | 71682162302 | 2 970.00 | 1 400.00 | 650.00 | 5 020.00 | 411.64 | 100.40 | 401.60 | 18.19 | 4 019.20 |
| 3 | 杨晓梅 | 71682162303 | 2 950.00 | 1 380.00 | 640.00 | 4 970.00 | 407.54 | 99.40 | 397.60 | 16.96 | 3 981.60 |
| … | … | … | … | … | … | … | … | … | … | … | … |
| … | … | … | … | … | … | … | … | … | … | … | … |
| 合计 | — | — | — | — | — | 430 900.00 | 35 333.80 | 8 618.00 | 34 472.00 | 641.78 | 351 834.42 |

单位负责人：陈乔欣　　　会计主管：何建明　　　会计：杨晓梅　　　制表：谢惠新

(21) 10 月 20 日，缴纳上月的社会保险费和住房公积金，如下所示。

## 社会保险费电子转账凭证

日期：2019 年 10 月 20 日　　　　　　凭证号：05669011

| 付款人 | 全　称 | 广东桥心电器有限公司 | 收款人 | 全　称 | 惠州市社会保险管理中心 |
|---|---|---|---|---|---|
| | 账　号 | 71682674052 | | 账　号 | 75016584625 |
| | 开户行 | 惠州市建行仲恺支行 | | 开户行 | 惠州市农行麦地支行 |
| | 行　号 | | | 行　号 | |

| 金额大写 | 人民币壹拾陆万贰仟陆佰陆拾肆元柒角伍分 | ￥162 664.75 |
|---|---|---|
| 摘要 | 单位：养老/失业保险：81 009.20　　　个人：养老/失业保险：35 333.80<br>　　　医疗/工伤保险：37 703.75　　　　医疗保险：8 618.00 | |
| 备注 | 1. 本凭证按《关于惠州市财政、税务、国库、银行实现计算机联网后有关票据使用问题的通知》(惠财库〔2001〕1296 号)规定作为缴纳社保的会计核算凭证。<br>2. 本凭证一式两联，第一联作开户银行的记账凭证，第二联交缴费单位作记账凭证。 | |

复核：　　　　记账：

（中国建设银行股份有限公司 惠州仲恺支行 2019.10.20 办讫章(2) 银行盖章）

第二联：缴费单位记账凭证

## 惠州市住房公积金汇缴书

2019 年 10 月 20 日　　　　　　附变更清册　　页

| 单位名称 | 广东桥心电器有限公司 | | 汇缴：9 月 |
|---|---|---|---|
| 开户银行 | 惠州市建行仲恺支行 | 账号 71682674052 | 汇缴：98 人 |

| 汇缴金额 | 人民币(大写)陆万捌仟玖佰肆拾肆元整 | 千 | 百 | 十 | 万 | 千 | 百 | 十 | 元 | 角 | 分 |
|---|---|---|---|---|---|---|---|---|---|---|---|
| | | | | ￥ | 6 | 8 | 9 | 4 | 4 | 0 | 0 |

| 上次汇缴 | | 本次增加汇缴 | | 本次减少汇缴 | | 本次汇缴 | |
|---|---|---|---|---|---|---|---|
| 人数 | 金额 | 人数 | 金额 | 人数 | 金额 | 人数 | 金额 |
| 98 | 68 944.00 | | | | | 98 | 68 944.00 |

备注：
单位：住房公积金：34 472.00
个人：住房公积金：34 472.00

银行盖章

第一联：银行盖章后交缴款单位

（22）10 月 20 日，支付上月水电费，如下所示。

## 广东增值税专用发票

4417241743　　　　发票联　　　　　No 221341301

开票日期：2019 年 10 月 20 日

| 购买方 | 名　称：广东桥心电器有限公司 | 密码区 | (略) |
|---|---|---|---|
| | 纳税人识别号：440703256268024 | | |
| | 地址、电话：惠州市仲恺大道 248 号 88327589 | | |
| | 开户行及账号：惠州市建行仲恺支行 71682674052 | | |

| 货物或应税劳务、服务名称 | 规格型号 | 单位 | 数量 | 单价 | 金额 | 税率 | 税额 |
|---|---|---|---|---|---|---|---|
| *供电*供电 | | 度 | 8 550 | 1.20 | 10 260.00 | 13% | 1 333.80 |
| 合　计 | | | | | ￥10 260.00 | 13% | ￥1 333.80 |

| 价税合计(大写) | ⊗壹万壹仟伍佰玖拾叁圆捌角整 | (小写)￥11 593.80 |
|---|---|---|

| 销售方 | 名　称：广东电网惠州供电公司 | 备注 | |
|---|---|---|---|
| | 纳税人识别号：440172867267836 | | |
| | 地址、电话：惠州麦地南路 42 号 88683127 | | |
| | 开户行及账号：工行麦地支行 78263674849 | | |

收款人：　　复核：　　开票人：谢德林　　销售方：(章)

第三联：发票联　购买方记账凭证

## 三、经济业务

### 中国建设银行对公客户付款通知单

币别：人民币　　　　2019年10月20日　　　　交易种类：支付电费

| 付款人 | 全称 | 广东桥心电器有限公司 | 收款人 | 全称 | 广东电网惠州供电公司 |
|---|---|---|---|---|---|
| | 账号 | 71682674052 | | 账号 | 78263674849 |
| | 开户行 | 建行仲恺支行 | | 开户行 | 工行麦地支行 |
| 大写金额 | （人民币）壹万壹仟伍佰玖拾叁元捌角整 | | | | ￥11 593.80 |

上述款项已从你单位存款账户 71682674052 支付。

（银行盖章：中国建设银行股份有限公司 惠州仲恺支行 2019.10.20 办讫章(2)）

会计主管：　　　　复核：　　　　记账：

此联为付款人付款通知

---

4417269742　　　**广东增值税专用发票**　　　No 323561701

发票联　　　开票日期：2019年10月20日

| 购买方 | 名称：广东桥心电器有限公司 |
| | 纳税人识别号：440703256268024 |
| | 地址、电话：惠州市仲恺大道248号 88327589 |
| | 开户行及账号：惠州市建行仲恺支行 71682674052 |

密码区：（略）

| 货物或应税劳务、服务名称 | 规格型号 | 单位 | 数量 | 单价 | 金额 | 税率 | 税额 |
|---|---|---|---|---|---|---|---|
| *水冰雪*供水 | | 吨 | 177 | 4.00 | 708.00 | 9% | 63.72 |
| 合计 | | | | | ￥708.00 | 9% | ￥63.72 |

价税合计（大写）　⊗柒佰柒拾壹圆柒角贰分　（小写）￥771.72

| 销售方 | 名称：惠州市自来水总公司 |
| | 纳税人识别号：440172387269636 |
| | 地址、电话：惠州金湖路118号 88696627 |
| | 开户行及账号：建行金湖支行 71224574848 |

备注：（惠州市自来水总公司 440172387269636 发票专用章）

收款人：　　　复核：　　　开票人：黄爱林　　　销售方：（章）

第三联：发票联 购买方记账凭证

（说明：自2019年4月1日起，自来水的增值税税率从10%调减为9%。）

---

### 中国建设银行对公客户付款通知单

币别：人民币　　　　2019年10月20日　　　　交易种类：支付水费

| 付款人 | 全称 | 广东桥心电器有限公司 | 收款人 | 全称 | 惠州市自来水总公司 |
|---|---|---|---|---|---|
| | 账号 | 71682674052 | | 账号 | 71224574848 |
| | 开户行 | 建行仲恺支行 | | 开户行 | 建行金湖支行 |
| 大写金额 | （人民币）柒佰柒拾壹元柒角贰分 | | | | ￥771.72 |

上述款项已从你单位存款账户 71682674052 支付。

（银行盖章：中国建设银行股份有限公司 惠州仲恺支行 2019.10.20 办讫章(2)）

会计主管：　　　　复核：　　　　记账：

此联为付款人付款通知

（23）10月20日，向广东利源电子有限公司采购DRH电路板一批，收到增值税专用发票，款项已付，DRH电路板验收合格入库，如下所示。

三、经济业务

## 广东增值税专用发票

4407541253　　　　　　　　　　　　　　　　　　　　　　　　No 346073106

发票联　　开票日期：2019 年 10 月 20 日

| 购买方 | 名　　称：广东桥心电器有限公司<br>纳税人识别号：440703256268024<br>地　址、电　话：惠州市仲恺大道 248 号 88327589<br>开户行及账号：惠州市建行仲恺支行 71682674052 | 密码区 | （略） |
|---|---|---|---|

| 货物或应税劳务、服务名称 | 规格型号 | 单位 | 数量 | 单价 | 金额 | 税率 | 税额 |
|---|---|---|---|---|---|---|---|
| *印制电路板*DRH 电路板 |  | 块 | 8 000 | 11.80 | 94 400.00 | 13% | 12 272.00 |
| 合　　计 |  |  |  |  | ￥94 400.00 |  | ￥12 272.00 |
| 价税合计（大写） | ⊗壹拾万陆仟陆佰柒拾贰圆整 |  |  |  | （小写）￥106 672.00 |  |  |

| 销售方 | 名　　称：广东利源电子有限公司<br>纳税人识别号：440702498268020<br>地　址、电　话：惠州市金山大道 120 号 86682584<br>开户行及账号：惠州农行金山支行 71682543357 | 备注 | （广东利源电子有限公司 440702498268020 发票专用章） |
|---|---|---|---|

收款人：　　　　　复核：　　　　　开票人：郑志源　　　　　销售方：（章）

第三联：发票联　购买方记账凭证

---

### 中国建设银行支票存根（粤）

GS 01034005

附加信息＿＿＿＿＿＿＿
＿＿＿＿＿＿＿＿＿＿＿

出票日期　　年　月　日

| 收款人： |  |
|---|---|
| 金　额： |  |
| 用　途： |  |

单位主管　　　会计

### 中国建设银行支票（粤）　　　GS 01034005

出票日期（大写）　　年　月　日　　　付款行名称：

收款人：　　　　　　　　　　　　　　出票人账号：

人民币（大写）　　　　　　　　　　| 千 | 百 | 十 | 万 | 千 | 百 | 十 | 元 | 角 | 分 |

用途＿＿＿＿＿＿＿　　　　　　　密码＿＿＿＿＿＿＿

上列款项请从我账户内支付
出票人签章　　（广东桥心电器有限公司财务专用章）　　行号＿＿＿＿＿＿＿
　　　　　　　　　　　　　　　　　陈乔欣　　　复核　　　记账

付款期限自出票之日起十天

---

| 附加信息： | 被背书人 | 被背书人 |
|---|---|---|
|  |  |  |
|  | 背书人签章<br>年　月　日 | 背书人签章<br>年　月　日 |

（粘贴单处）

根据《中华人民共和国票据法》等法律法规的规定，签发空头支票由中国人民银行处以票面金额 5% 但不低于 1 000 元的罚款。

---

## 收 料 单

2019 年 10 月 20 日　　　　　　　　　收字第 1005 号

| 材料名称 | 规格型号 | 单　位 | 应收数量 | 实收数量 | 金额（元） |
|---|---|---|---|---|---|
| DRH 电路板 |  | 块 | 8 000 | 8 000 | 94 400.00 |
|  |  |  |  |  |  |

仓库主管：陈德明　　　　　验收：李怡华　　　　　收料：朱永材

## 三、经济业务

(24) 10月20日，购买黑水笔、笔记本、复印纸等办公用品，交销售部门使用，如下所示。

**4417641746**

**广东增值税普通发票**

发票联  No 364261481

开票日期：2019年10月20日

| 购买方 | 名　　称：广东桥心电器有限公司<br>纳税人识别号：440703256268024<br>地　址、电　话：惠州市仲恺大道248号 88327589<br>开户行及账号：惠州市建行仲恺支行 71682674052 | 密码区 | （略） |
|---|---|---|---|

| 货物或应税劳务、服务名称 | 规格型号 | 单位 | 数量 | 单价 | 金额 | 税率 | 税额 |
|---|---|---|---|---|---|---|---|
| *文具产品*黑水笔 |  | 支 | 50 | 1.941 7 | 97.087 | 3% | 2.913 |
| *文具产品*笔记本 |  | 本 | 25 | 3.883 5 | 97.087 | 3% | 2.913 |
| *纸制品*复印纸 |  | 包 | 50 | 19.417 5 | 970.874 | 3% | 29.126 |
| *计算机配套产品*硒鼓 |  | 个 | 10 | 77.669 9 | 776.699 | 3% | 23.301 |
| 合　计 |  |  |  |  | ¥1 941.75 |  | ¥58.25 |

| 价税合计（大写） | ⊗贰仟圆整 | （小写）¥2 000.00 |
|---|---|---|

| 销售方 | 名　　称：惠州新新文化用品公司<br>纳税人识别号：440703443246024<br>地　址、电　话：惠州市新联路96号 86669852<br>开户行及账号：惠州建行新联支行 71987313156 | 备注 | （惠州新新文化用品公司<br>440703443246024<br>发票专用章） |
|---|---|---|---|

收款人：肖联新　　复核：　　开票人：肖联新　　销售方：（章）

第二联：发票联 购买方记账凭证

---

**中国建设银行支票存根(粤)**

GS 01034006

附加信息＿＿＿＿＿＿＿＿

＿＿＿＿＿＿＿＿＿＿＿＿

出票日期　年　月　日

| 收款人： |  |
| 金　额： |  |
| 用　途： |  |
| 单位主管　　会计 |  |

**中国建设银行支票(粤)** GS 01034006

付款期限自出票之日起十天

出票日期(大写)　年　月　日　付款行名称：

收款人：　　　　　　　　　出票人账号：

| 人民币<br>（大写） | | 千 | 百 | 十 | 万 | 千 | 百 | 十 | 元 | 角 | 分 |

用途＿＿＿＿＿　　密码＿＿＿＿＿

上列款项请从我账户内支付　　行号＿＿＿＿＿

出票人签章　（广东桥心电器有限公司财务专用章）　（陈乔欣）　复核　　记账

---

| 附加信息： | 被背书人 | 被背书人 |
|---|---|---|
|  |  |  |
|  | 背书人签章<br>年　月　日 | 背书人签章<br>年　月　日 |

（粘贴单处）

根据《中华人民共和国票据法》等法律法规的规定，签发空头支票由中国人民银行处以票面金额5%但不低于1 000元的罚款。

(25) 10月23日,向上海西楚电器有限公司销售电热壶2 000只,每只71.5元;电饭锅800只,每只182元,如下所示。

**广东增值税专用发票**

4601041141　　发票联　　No 031131005

开票日期：　年　月　日

| 购买方 | 名　称： | | | | 密码区 | （略） | | |
|---|---|---|---|---|---|---|---|---|
| | 纳税人识别号： | | | | | | | |
| | 地址、电话： | | | | | | | |
| | 开户行及账号： | | | | | | | |
| 货物或应税劳务、服务名称 | 规格型号 | 单位 | 数量 | 单价 | 金额 | 税率 | 税额 |
| | | | | | | | |
| 合　　计 | | | | | | | |
| 价税合计(大写) | ⊗ | | | | | (小写) | |
| 销售方 | 名　称： | | | 备注 | | | |
| | 纳税人识别号： | | | | | | |
| | 地址、电话： | | | | | | |
| | 开户行及账号： | | | | | | |

收款人：　　复核：杨晓梅　　开票人：王耀林　　销售方：（章）

第三联：发票联　购买方记账凭证

（广东新心电器有限公司　440703256268024　发票专用章）

**广东增值税专用发票**

4601041141　　此联不作报销、扣税凭证使用　　No 031131005

开票日期：　年　月　日

| 购买方 | 名　称： | | | | 密码区 | （略） | | |
|---|---|---|---|---|---|---|---|---|
| | 纳税人识别号： | | | | | | | |
| | 地址、电话： | | | | | | | |
| | 开户行及账号： | | | | | | | |
| 货物或应税劳务、服务名称 | 规格型号 | 单位 | 数量 | 单价 | 金额 | 税率 | 税额 |
| | | | | | | | |
| 合　　计 | | | | | | | |
| 价税合计(大写) | ⊗ | | | | | (小写) | |
| 销售方 | 名　称： | | | 备注 | | | |
| | 纳税人识别号： | | | | | | |
| | 地址、电话： | | | | | | |
| | 开户行及账号： | | | | | | |

收款人：　　复核：杨晓梅　　开票人：王耀林　　销售方：（章）

第一联：记账联　销售方记账凭证

**产品出库单**

2019年10月23日　　第01005号

| 产品名称 | 规　格 | 型　号 | 单　位 | 数　量 | 单位成本 | 金额(元) |
|---|---|---|---|---|---|---|
| 电热壶 | | | 只 | 2 000 | | |
| 电饭锅 | | | 只 | 800 | | |

仓库主管：陈德明　　复核：杨晓梅　　发货：朱永材　　制单：梁晓芳

(26) 10月24日,填写银行汇票申请书,向开户行申请签发银行汇票,收款人为广东福林科技有限公司,金额为120 000元,如下所示。

三、经济业务

## 中国建设银行银行汇票申请书（存根） 1

第 020101 号

申请日期 2019 年 10 月 24 日

| 申请人 | 广东桥心电器有限公司 | 收款人 | 广东福林科技有限公司 |
|---|---|---|---|
| 账号或住址 | 71682674052 | 账号或住址 | 12629413054 |
| 用途 | 支付采购材料款 | 代理付款行 | 惠州市建行仲恺支行 |

汇票金额　人民币（大写）　壹拾贰万元整　　￥120 000.00

上列款项请从我账户内支付

（广东桥心电器有限公司财务专用章）

陈乔欣

申请人盖章

科　目（借）_____
对方科目（贷）_____

财务主管　　复核　　经办

（中国建设银行银行汇票专用章 440713256269685）

此联出票行给汇款人的回单

---

（27）10 月 24 日，向广东华新钢材有限公司采购 HDP 钢板一批，收到增值税专用发票，款项未付，HDP 钢板验收合格入库，如下所示。

**4408241741　广东增值税专用发票　　No 421061407**

发票联　　　　　　开票日期：2019 年 10 月 24 日

| 购买方 | 名　称：广东桥心电器有限公司 纳税人识别号：440703256268024 地　址、电　话：惠州市仲恺大道 248 号 88327589 开户行及账号：惠州市建行仲恺支行 71682674052 | 密码区 | （略） |
|---|---|---|---|

| 货物或应税劳务、服务名称 | 规格型号 | 单位 | 数量 | 单价 | 金额 | 税率 | 税额 |
|---|---|---|---|---|---|---|---|
| *黑色金属冶炼压延品* HDP 钢板 |  | 千克 | 4 000 | 13.50 | 54 000.00 | 13% | 7 020.00 |
| 合　　计 |  |  |  |  | ￥54 000.00 |  | ￥7 020.00 |

| 价税合计（大写） | ⊗陆万壹仟零贰拾圆整 | （小写）￥61 020.00 |
|---|---|---|

| 销售方 | 名　称：广东华新钢材有限公司 纳税人识别号：440703568268026 地　址、电　话：惠州市惠南大道 96 号 86637584 开户行及账号：惠州建行惠南支行 71606313052 | 备注 | （广东华新钢材有限公司 440703568268026 发票专用章） |
|---|---|---|---|

收款人：　　　复核：李立华　　　开票人：陈红娜　　　销售方：（章）

第三联：发票联 购买方记账凭证

---

## 收　料　单

2019 年 10 月 24 日　　　　收字第 1006 号

| 材料名称 | 规格型号 | 单　位 | 应收数量 | 实收数量 | 金额（元） |
|---|---|---|---|---|---|
| HDP 钢板 |  | 千克 | 4 000 | 4 000 | 54 000.00 |
|  |  |  |  |  |  |

仓库主管：陈德明　　　验收：李怡华　　　收料：朱永材

(28) 10月24日,领用材料,投入3 000只电热壶、1 000只电饭锅生产,如下所示。

## 领 料 单

用途:生产电热壶　　　　　　　　2019年10月24日　　　　　　　　领字第01005号

| 材料名称 | 规格型号 | 单 位 | 请领数量 | 实发数量 | 金额(元) |
|---|---|---|---|---|---|
| HDP 钢板 | | 千克 | 600 | 600 | |
| SEP 塑料 | | 千克 | 600 | 600 | |
| DRH 电路板 | | 块 | 3 000 | 3 000 | |

仓库主管:陈德明　　　　复核:杨晓梅　　　　发料:朱永材　　　　制单:梁晓芳

## 领 料 单

用途:生产电饭锅　　　　　　　　2019年10月24日　　　　　　　　领字第01006号

| 材料名称 | 规格型号 | 单 位 | 请领数量 | 实发数量 | 金额(元) |
|---|---|---|---|---|---|
| HDP 钢板 | | 千克 | 600 | 600 | |
| SEP 塑料 | | 千克 | 600 | 600 | |
| DFG 电路板 | | 块 | 1 000 | 1 000 | |

仓库主管:陈德明　　　　复核:杨晓梅　　　　发料:朱永材　　　　制单:梁晓芳

(29) 10月25日,计提本月长期借款利息,如下所示。

## 利 息 计 算 单

2019年10月25日　　　　　　　　　　　　　　　　　　　　单位:元

| 计息项目 | 起息日 | 结息日 | 本 金 | 年利率 | 利 息 |
|---|---|---|---|---|---|
| 长期借款 | 2019.9.25 | 2019.10.25 | 320 000.00 | 6% | 1 600.00 |
| | | | | | |
| | | | | | |
| 合计(大写) | 人民币壹仟陆佰元整 | | | | ¥1 600.00 |

会计主管:何建明　　　　　　会计:杨晓梅　　　　　　制单:谢惠新

(30) 10月25日,支付本月短期借款利息,如下所示。

## 利 息 计 算 单

2019年10月25日　　　　　　　　　　　　　　　　　　　　单位:元

| 计息项目 | 起息日 | 结息日 | 本 金 | 年利率 | 利 息 |
|---|---|---|---|---|---|
| 短期借款 | 2019.9.25 | 2019.10.25 | 40 000.00 | 9% | 300.00 |
| | | | | | |
| | | | | | |
| 合计(大写) | 人民币叁佰元整 | | | | ¥300.00 |

会计主管:何建明　　　　　　会计:杨晓梅　　　　　　制单:谢惠新

## 中国建设银行对公客户付款通知单

币别：人民币　　　　　2019 年 10 月 25 日　　　交易种类：支付短期借款利息

| 付款人 | 全　称 | 广东桥心电器有限公司 | 收款人 | 全　称 | 广东桥心电器有限公司 |
|---|---|---|---|---|---|
| | 账　号 | 71682674052 | | 账　号 | 71683687165 |
| | 开户行 | 建行仲恺支行 | | 开户行 | 建行惠州分行 |

| 大写金额 | （人民币）叁佰元整 | ￥300.00 |
|---|---|---|

上述款项已从你单位存款账户 71682674052 支付。

（中国建设银行股份有限公司 惠州仲恺支行 2019.10.25 办讫章(2)）

（银行盖章）

此联为付款人付款通知

会计主管：　　　　　　复核：　　　　　　记账：

（31）10 月 26 日，电热壶 4 000 只、电饭锅 2 000 只完工，验收合格入库，如下所示。

## 产成品入库单

2019 年 10 月 26 日　　　　　　　　　　　　　　收字第 0103 号

| 产品名称 | 规格型号 | 单　位 | 应收数量 | 实收数量 | 备　注 |
|---|---|---|---|---|---|
| 电热壶 | | 只 | 4 000 | 4 000 | |
| 电饭锅 | | 只 | 2 000 | 2 000 | |

仓库主管：陈德明　　　复核：朱永材　　　验收：李怡华　　　制单：梁晓芳

（32）10 月 26 日，收到深圳佳缘电器有限公司支付的本月 18 日的货款，如下所示。

## 中国工商银行支票（粤）　　　GS 23853401

出票日期(大写)：贰零壹玖年零壹拾月贰拾陆日　　　付款行名称：工行怡景支行
收款人：广东桥心电器有限公司　　　　　　　　　　出票人账号：21934783058

人民币（大写）贰拾伍万叁仟伍佰玖拾肆元陆角整　　￥ 2 5 3 5 9 4 6 0

| 千 | 百 | 十 | 万 | 千 | 百 | 十 | 元 | 角 | 分 |
|---|---|---|---|---|---|---|---|---|---|
| | 2 | 5 | 3 | 5 | 9 | 4 | 6 | 0 | |

用途：支付货款

（深圳佳缘电器有限公司财务专用章　罗裕欣）

密码_____　行号_____

付款期限自出票之日起十天

上列款项请从我账户内支付
出票人签章

复核　　记账

附加信息：　　被背书人：　　　　　　被背书人：

背书人签章　　　　　　　　背书人签章
年　月　日　　　　　　　　年　月　日

## 中国建设银行进账单 （回 单）  1

年 月 日

| 出票人 | 全 称 | | 收款人 | 全 称 | |
|---|---|---|---|---|---|
| | 账 号 | | | 账 号 | |
| | 开户银行 | | | 开户银行 | |

| 金额 | 人民币（大写） | | 亿 千 百 十 万 千 百 十 元 角 分 |
|---|---|---|---|

| 票据种类 | | 票据张数 | |
| 票据号码 | | | |

复核　　记账　　　　　　　　　　　　　开户银行盖章

*此联是开户银行交给持(出)票人的回单*

## 现金折扣审批单

2019 年 10 月 26 日　　　　　　　　　　　　　单位：元

| 购买单位 | 深圳佳缘电器有限公司 | | 现金折扣条件 | (2/10,1/20,n/30) | |
|---|---|---|---|---|---|
| 商品名称 | 销售时间 | 收款时间 | 价税金额 | 折扣率 | 现金折扣 |
| 电热壶 | 2019.10.18 | 2019.10.26 | 146 900.00 | 2% | 2 938.00 |
| 电饭锅 | 2019.10.18 | 2019.10.26 | 111 870.00 | 2% | 2 237.40 |
| | | | | | |
| 合　计 | — | — | ¥258 770.00 | 2% | ¥5 175.40 |

会计主管：何建明　　　　　销售主管：王裕峰　　　　　制表：梁晓芳

（33）10 月 26 日，根据合同向广东海天电器有限公司销售电热壶 3 000 只，单价 65 元，开出增值税专用发票，已办理托收手续，如下所示。

### 广东增值税专用发票

4601041141　　　　　　　发 票 联　　　　　　　No 031131006

开票日期：　　年　月　日

| 购买方 | 名　称： | | | 密码区 | （略） | | |
|---|---|---|---|---|---|---|---|
| | 纳税人识别号： | | | | | | |
| | 地　址、电　话： | | | | | | |
| | 开户行及账号： | | | | | | |

| 货物或应税劳务、服务名称 | 规格型号 | 单位 | 数量 | 单价 | 金额 | 税率 | 税额 |
|---|---|---|---|---|---|---|---|
| | | | | | | | |
| 合　计 | | | | | | | |

| 价税合计（大写） | ⊗ | （小写） |
|---|---|---|

| 销售方 | 名　称： | | 备注 | |
|---|---|---|---|---|
| | 纳税人识别号： | | | |
| | 地　址、电　话： | | | |
| | 开户行及账号： | | | |

收款人：　　　复核：杨晓梅　　　开票人：王耀林　　　销售方：（章）

*第三联：发票联　购买方记账凭证*

（广东桥心电器有限公司　440703256268024　发票专用章）

## 广东增值税专用发票

4601041141    No 031131006

此联不作报销、扣税凭证使用    开票日期：  年 月 日

| 购买方 | 名　称： | | | | | | | | |
|---|---|---|---|---|---|---|---|---|---|
| | 纳税人识别号： | | | | | 密码区 | (略) | | |
| | 地址、电话： | | | | | | | | |
| | 开户行及账号： | | | | | | | | |
| 货物或应税劳务、服务名称 | | 规格型号 | 单位 | 数量 | 单价 | 金额 | | 税率 | 税额 |
| 合　计 | | | | | | | | | |
| 价税合计（大写） | | ⊗ | | | | | (小写) | | |
| 销售方 | 名　称： | | | | | 备注 | | | |
| | 纳税人识别号： | | | | | | | | |
| | 地址、电话： | | | | | | | | |
| | 开户行及账号： | | | | | | | | |

收款人：　　复核：杨晓梅　　开票人：王耀林　　销售方：（章）

第一联：记账联 销售方记账凭证

## 托收凭证（受理回单） 1

委托日期：2019 年 10 月 26 日

| 业务类型 | | 委托收款(□邮划、□电划)　　托收承付(□邮划、☑电划) | | | | | | | | | | | | | | |
|---|---|---|---|---|---|---|---|---|---|---|---|---|---|---|---|---|
| 付款人 | 全　称 | 广东海天电器有限公司 | | | | 收款人 | 全　称 | 广东桥心电器有限公司 | | | | | | | | |
| | 账　号 | 11634813054 | | | | | 账　号 | 71682674052 | | | | | | | | |
| | 地　址 | 广东广州 市县 | 开户行 | 工行新华支行 | | | 地　址 | 广东惠州 市县 | 开户行 | 建行仲恺支行 | | | | | | |
| 金额 | 人民币（大写） | 贰拾贰万零叁佰伍拾元整 | | | | 亿 | 千 | 百 | 十 | 万 | 千 | 百 | 十 | 元 | 角 | 分 |
| | | | | | | | ¥ | 2 | 2 | 0 | 3 | 5 | 0 | 0 | 0 | |
| 款项内容 | | 销货款 | 托收凭据名　称 | 增值税专用发票 产品出库单 | | 附寄单证张数 | | 中国建设银行股份有限公司 惠州仲恺支行 2019.10.26 办讫章 (4) | | | | | | | | |
| 商品发运情况 | | 已发运 | | | | 合同名称号码 | | HT0010031 | | | | | | | | |
| 备注： | | | 款项收妥日期 | | | | | | | | | | | | | |
| 复核　　记账 | | | | 年 月 日 | | 收款人开户银行签章 | | | | | | | | | | |

此联作收款人开户银行给收款人的受理回单

## 产品出库单

2019 年 10 月 26 日　　第 01006 号

| 产品名称 | 规　格 | 型　号 | 单　位 | 数　量 | 单位成本 | 金额（元） |
|---|---|---|---|---|---|---|
| 电热壶 | | | 只 | 3 000 | | |
| | | | | | | |

仓库主管：陈德明　　复核：杨晓梅　　发货：朱永材　　制单：梁晓芳

　　（34）10 月 27 日，向广东福林科技有限公司采购 DFG 电路板一批，收到增值税专用发票，DFG 电路板验收合格入库，款项以银行汇票支付，并收回多余银行汇票款，如下所示。

| 4401283233 | 广东增值税专用发票 | | | | No 214263015 | | |
|---|---|---|---|---|---|---|---|
| | 发票联 | | | | 开票日期：2019 年 10 月 27 日 | | |

<table>
<tr><td rowspan="4">购买方</td><td>名　　　称：</td><td colspan="5">广东桥心电器有限公司</td><td rowspan="4">密码区</td><td rowspan="4">（略）</td></tr>
<tr><td>纳税人识别号：</td><td colspan="5">440703256268024</td></tr>
<tr><td>地　址、电　话：</td><td colspan="5">惠州市仲恺大道 248 号 88327589</td></tr>
<tr><td>开户行及账号：</td><td colspan="5">惠州市建行仲恺支行 71682674052</td></tr>
<tr><td colspan="2">货物或应税劳务、服务名称</td><td>规格型号</td><td>单位</td><td>数量</td><td>单价</td><td>金额</td><td>税率</td><td>税额</td></tr>
<tr><td colspan="2">＊印制电路板＊DFG 电路板</td><td></td><td>块</td><td>2 000</td><td>48.00</td><td>96 000.00</td><td>13%</td><td>12 480.00</td></tr>
<tr><td colspan="2">合　　　计</td><td></td><td></td><td></td><td></td><td>￥96 000.00</td><td></td><td>￥12 480.00</td></tr>
<tr><td colspan="2">价税合计（大写）</td><td colspan="5">⊗壹拾万捌仟肆佰捌拾圆整</td><td colspan="2">（小写）￥108 480.00</td></tr>
<tr><td rowspan="4">销售方</td><td>名　　　称：</td><td colspan="5">广东福林科技有限公司</td><td rowspan="4">备注</td><td rowspan="4">广东福林科技有限公司<br>440105307268034<br>发票专用章</td></tr>
<tr><td>纳税人识别号：</td><td colspan="5">440105307268034</td></tr>
<tr><td>地　址、电　话：</td><td colspan="5">广州市芳村大道 52 号 83682585</td></tr>
<tr><td>开户行及账号：</td><td colspan="5">广州工行芳村支行 12629413054</td></tr>
</table>

收款人：　　　　　复核：　　　　　开票人：陈祁林　　　　　销售方：（章）

## 收 料 单

2019 年 10 月 27 日　　　　　收字第 1007 号

| 材料名称 | 规格型号 | 单　位 | 应收数量 | 实收数量 | 金额（元） |
|---|---|---|---|---|---|
| DFG 电路板 | | 块 | 2 000 | 2 000 | 96 000.00 |
| | | | | | |

仓库主管：陈德明　　　　　验收：李怡华　　　　　收料：朱永材

---

| 付款期限 壹个月 | 中国建设银行<br>**银行汇票**（多余款收账通知）　4　汇票号码 |
|---|---|

<table>
<tr><td>出票日期（大写）</td><td colspan="3">贰零壹玖年零壹拾月贰拾肆日</td><td>代理付款行：惠州市建行仲恺支行</td><td colspan="9">行号：01692</td></tr>
<tr><td>收款人</td><td colspan="3">广东福林科技有限公司</td><td>账　号：12629413054</td><td colspan="9"></td></tr>
<tr><td>出票金额</td><td>人民币（大写）</td><td colspan="11">壹拾贰万元整</td></tr>
<tr><td>实际结算金额</td><td>人民币（大写）</td><td colspan="4">壹拾万捌仟肆佰捌拾元整</td><td>中国建设银行股份有限公司<br>惠州仲恺支行<br>2019.10.27<br>办讫章</td><td>千</td><td>百</td><td>十</td><td>万</td><td>千</td><td>百</td><td>十</td><td>元</td><td>角</td><td>分</td></tr>
<tr><td colspan="6"></td><td></td><td></td><td></td><td>￥</td><td>1</td><td>0</td><td>8</td><td>4</td><td>8</td><td>0</td><td>0</td><td>0</td></tr>
<tr><td>申请人</td><td colspan="3">广东桥心电器有限公司</td><td colspan="12">账号：71682674052</td></tr>
<tr><td>出票行：</td><td colspan="3">建行仲恺支行　　行号：01692</td><td colspan="12"></td></tr>
</table>

| 备　注： | 支付采购材料款 | 多余金额 | 上列退回多余金额已收入你账户。 |
|---|---|---|---|
| 复核　　　　经办 | | 百 十 万 千 百 十 元 角 分<br>￥　　1　1　5　2　0　0　0 | 复核　　　　记账 |

此联出票行结算汇票时作多余款收账通知

---

（35）10 月 27 日，以现金报销管理部门用汽车的修理费用，如下所示。

三、经济业务

## 广东增值税专用发票

4407879344　　　　　　　　　　　　　　　　　　　　　No 231128011
发票联　　　　　　　　　　　　　　　　　　开票日期:2019 年 10 月 27 日

| 购买方 | 名　　　称:广东桥心电器有限公司<br>纳税人识别号:440703256268024<br>地　址、电　话:惠州市仲恺大道 248 号 88327589<br>开户行及账号:惠州市建行仲恺支行 71682674052 | 密码区 | (略) |
|---|---|---|---|

| 货物或应税劳务、服务名称 | 规格型号 | 单位 | 数量 | 单价 | 金额 | 税率 | 税额 |
|---|---|---|---|---|---|---|---|
| *劳务*修理费 | | | | 800.00 | 800.00 | 13% | 104.00 |
| 合　　计 | | | | | ￥800.00 | | ￥104.00 |

| 价税合计(大写) | ⊗玖佰零肆圆整 | | (小写)￥904.00 |
|---|---|---|---|

| 销售方 | 名　　　称:惠州精益汽车修理公司<br>纳税人识别号:440706861357029<br>地　址、电　话:惠州市仲恺大道 93 号 68789999<br>开户行及账号:中行仲恺支行 71632161464 | 备注 | (惠州精益汽车修理公司<br>440706861357029<br>发票专用章) |
|---|---|---|---|

收款人:黄智林　　复核:　　开票人:王晓蓉　　销售方:(章)

第三联:发票联　购买方记账凭证

## 费用报销单

2019 年 10 月 27 日

| 报销部门 | 管理部门 | 报销人 | | 陈瑞明 |
|---|---|---|---|---|
| 费用项目 | 单据张数 | 金额(元) | | 备注 |
| 汽车修理费 | 1 | 904.00 | | 现金付讫 |
| 合计 | | ￥904.00 | | |
| 金额(大写)人民币玖佰零肆元整 | | | | |
| 单位领导审批:同意<br>　　　　陈乔欣 | | 部门主管审批:同意<br>　　　　聂源珍 | | |

会计主管:何建明　　复核:杨晓梅　　出纳:谢惠新

(36) 10 月 30 日,收到广东海天电器有限公司支付的本月 26 日的货款,如下所示。

## 托收凭证(收账通知)　4

委托日期:　年　月　日　　　　付款期限　年　月　日

| | 业务类型 | 委托收款(□邮划、□电划) | | | 托收承付(□邮划、☑电划) | | | | | | | | | | |
|---|---|---|---|---|---|---|---|---|---|---|---|---|---|---|---|
| 付款人 | 全　称 | | | | 收款人 | 全　称 | | | | | | | | | |
| | 账　号 | | | | | 账　号 | | | | | | | | | |
| | 地　址 | 省<br>县 | 市 | 开户行 | | 地　址 | 省<br>县 | 市 | 开户行 | | | | | | |
| 金额 | 人民币<br>(大写) | | | | | | 亿 | 千 | 百 | 十 | 万 | 千 | 百 | 十 | 元 | 角 | 分 |
| 款项内容 | | | 托收凭据名称 | | | 附寄单证张数 | | (中国建设银行股份有限公司 惠州仲恺支行 2019.10.30 办讫章 (4)) | | | | | | | |
| 商品发运情况 | | | | | | 合同名称号码 | HT0010031 | | | | | | | | |
| 备注: | | | 款项收妥日期 | | | 收款人开户银行签章 | | | | | | | | | |
| 　　复核　　记账 | | | 　　　　年　月　日 | | | | | | | | | | | | |

此联作收款人开户银行给收款人的收账通知

(37) 10月30日,以现金支付职工上下班交通补助8 400元,如下所示。

## 交通补助清单

2019年10月30日

| 序 号 | 姓 名 | 补助金额(元) | 签 名 |
|---|---|---|---|
| 1 | 陈乔欣 | 320.00 | 陈乔欣 |
| 2 | 何建明 | 280.00 | 何建明 |
| 3 | 杨晓梅 | 240.00 | 杨晓梅 |
| … | 现金付讫 | … | … |
| | … | … | … |
| 合 计 | — | ¥8 400.00 | — |

单位负责人:陈乔欣　　　会计主管:何建明　　　会计:杨晓梅　　　制表:谢惠新

(38) 10月30日,为拓展产品销售,支付客户招待餐饮费,以银行存款支付,如下所示。

4617641258　　　　　**广东增值税专用发票**　　　　No 363241415

发票联　　　　开票日期:2019年10月30日

| 购买方 | 名　　　称:广东桥心电器有限公司<br>纳税人识别号:440703256268024<br>地　址、电　话:惠州市仲恺大道248号 88327589<br>开户行及账号:惠州市建行仲恺支行 71682674052 | 密码区 | (略) | | | 第三联:发票联　购买方记账凭证 |
|---|---|---|---|---|---|---|
| 货物或应税劳务、服务名称 | 规格型号 | 单位 | 数量 | 单价 | 金额 | 税率 | 税额 |
| *餐饮服务*餐费 | | | | | 1 300.00 | 6% | 78.00 |
| 合　　计 | | | | | ¥1 300.00 | | ¥78.00 |
| 价税合计(大写) | ⊗壹仟叁佰柒拾捌圆整 | | | | (小写)¥1 378.00 | | |
| 销售方 | 名　　　称:惠州福乐酒店有限公司<br>纳税人识别号:440761705268028<br>地　址、电　话:惠州市金榜路88号 88869999<br>开户行及账号:惠州工行金榜支行 71654313963 | 备注 |  | | | |

收款人:　　　　复核:　　　　开票人:秦丽芬　　　　销售方:(章)

| 中国建设银行支票存根(粤) | 中国建设银行支票(粤) | GS 01034007 |
|---|---|---|
| GS 01034007 | 出票日期(大写)　年　月　日　　付款行名称: | |
| 附加信息_____ | 收款人:　　　　　　　　　　　出票人账号: | |
| _____ | 人民币(大写) | 千百十万千百十元角分 |
| 出票日期　年月日 | | |
| 收款人: | 用途　　　　　　　　　　密码 | |
| 金　额: | 上列款项请从我账户内支付 广东桥心电 行号_____ | |
| 用　途: | 出票人签章 器有限公司 陈乔欣 | |
| 单位主管　会计 | 财务专用章 复核　　记账 | |

| 附加信息： | 被背书人 | 被背书人 | （粘贴单处） | 根据《中华人民共和国票据法》等法律法规的规定,签发空头支票由中国人民银行处以票面金额5%但不低于1 000元的罚款。 |
|---|---|---|---|---|
| | 背书人签章<br>年 月 日 | 背书人签章<br>年 月 日 | | |

(39) 10月30日,以现金支付给职工张林海生活困难补助800元,如下所示。

## 支 付 证 明 单

2019 年 10 月 30 日

| 事由或品名 | 数　量 | 单位 | 单价 | 金　额 |||||||| 
|---|---|---|---|---|---|---|---|---|---|---|---|
| | | | | 十万 | 千 | 百 | 十 | 元 | 角 | 分 |
| 生活困难补助 | 现金付讫 | | | | | | 8 | 0 | 0 | 0 | 0 |
| 共计金额 | ⊗拾⊗万⊗仟捌佰零拾零元零角零分 ||| ￥800.00 |||||||| 
| 受款人 | 张林海 || 未能取得单据原因 | 支付给职工个人 |||||||| 

单位负责人：陈乔欣　　　部门主管：聂源珍　　　会计：杨晓梅　　　出纳：谢惠新

(40) 10月31日,签发现金支票,提取现金10 000元备用,如下所示。

| 中国建设银行支票存根（粤）<br>GS 01034008<br>附加信息_____<br>_____<br>出票日期　年　月　日<br>收款人：<br>金　额：<br>用　途：<br>单位主管　　会计 | 付款期限自出票之日起十天 | **中国建设银行支票（粤）**　　　　　GS 01034008<br>出票日期（大写）　年　月　日　　付款行名称：<br>收款人：　　　　　　　　　　　　　出票人账号：<br>人民币<br>（大写）　　　　　　　　　　　千百十万千百十元角分<br>用途_____　　　　　密码_____<br>上列款项请从<br>我账户内支付　广东桥心电　　　行号_____<br>出票人签章　　器有限公司　　陈乔欣<br>　　　　　　　财务专用章　　　复核　　记账 |
|---|---|---|

| 附加信息： | 被背书人 | 被背书人 | （粘贴单处） | 根据《中华人民共和国票据法》等法律法规的规定,签发空头支票由中国人民银行处以票面金额5%但不低于1 000元的罚款。 |
|---|---|---|---|---|
| | 背书人签章<br>年 月 日 | 背书人签章<br>年 月 日 | | |

## 三、经济业务

(41) 10月31日,以现金支付会计人员电算化培训费,如下所示。

**广东增值税普通发票**

4317641526　　　　　　　　　　　　　　　　　　　　　　　　No 289261329

发票联　　　开票日期:2019年10月31日

| 购买方 | 名　　称:广东桥心电器有限公司<br>纳税人识别号:440703256268024<br>地　址、电　话:惠州市仲恺大道248号 88327589<br>开户行及账号:惠州市建行仲恺支行 71682674052 | 密码区 | (略) |
|---|---|---|---|

| 货物或应税劳务、服务名称 | 规格型号 | 单位 | 数量 | 单价 | 金额 | 税率 | 税额 |
|---|---|---|---|---|---|---|---|
| *非学历教育服务*电算化培训 | | | | | 800.00 | 6% | 48.00 |
| 合　　计 | | | | | ¥800.00 | | ¥48.00 |
| 价税合计(大写) | ⊗捌佰肆拾捌圆整 | | | | | (小写)¥848.00 | |

| 销售方 | 名　　称:惠州智新会计培训学校<br>纳税人识别号:440716443246267<br>地　址、电　话:惠州市鳄湖路108号 86529852<br>开户行及账号:惠州建行鳄湖支行 71326313254 | 备注 | 惠州智新会计培训学校<br>440716443246267<br>发票专用章 |
|---|---|---|---|

收款人:李燕　　　　复核:　　　　开票人:李燕　　　　销售方:(章)

### 费用报销单

2019年10月31日

| 报销部门 | 管理部门 | 报销人 | 杨晓梅 |
|---|---|---|---|
| 费用项目 | 单据张数 | 金额(元) | 备注 |
| 电算化培训 | 1 | 848.00 | |
| | | | 现金付讫 |
| 合计 | | ¥848.00 | |
| 金额(大写)人民币捌佰肆拾捌元整 | | | |
| 单位领导审批:同意<br>　　　　陈乔欣 | | 部门主管审批:同意<br>　　　　聂源珍 | |

会计主管:何建明　　　　复核:杨晓梅　　　　出纳:谢惠新

(42) 10月31日,计算发出材料成本,采用月末一次加权平均法,如下所示。

### 发出材料单位成本计算表

材料:HDP不锈钢板　　　2019年10月31日　　　单位:元

| 日期 | 期初余额 | | | 本期购进 | | | 加权单位成本 |
|---|---|---|---|---|---|---|---|
| | 数量 | 单价 | 金额 | 数量 | 单价 | 金额 | |
| | | | | | | | |
| | | | | | | | |
| | | | | | | | |
| | | | | | | | |
| | | | | | | | |
| | | | | | | | |
| | | | | | | | |

会计主管:何建明　　　　复核:杨晓梅　　　　制表:梁晓芳

## 发出材料单位成本计算表

材料：SEP 塑料　　　　　　　　2019 年 10 月 31 日　　　　　　　　单位：元

| 日期 | 期初余额 | | | 本期购进 | | | 加权单位成本 |
|---|---|---|---|---|---|---|---|
| | 数量 | 单价 | 金额 | 数量 | 单价 | 金额 | |
| | | | | | | | |
| | | | | | | | |
| | | | | | | | |
| | | | | | | | |
| | | | | | | | |
| | | | | | | | |
| | | | | | | | |
| | | | | | | | |
| | | | | | | | |

会计主管：何建明　　　　　　复核：杨晓梅　　　　　　制表：梁晓芳

## 发出材料单位成本计算表

材料：DRH 电路板　　　　　　　2019 年 10 月 31 日　　　　　　　　单位：元

| 日期 | 期初余额 | | | 本期购进 | | | 加权单位成本 |
|---|---|---|---|---|---|---|---|
| | 数量 | 单价 | 金额 | 数量 | 单价 | 金额 | |
| | | | | | | | |
| | | | | | | | |
| | | | | | | | |
| | | | | | | | |
| | | | | | | | |
| | | | | | | | |
| | | | | | | | |
| | | | | | | | |
| | | | | | | | |

会计主管：何建明　　　　　　复核：杨晓梅　　　　　　制表：梁晓芳

## 发出材料单位成本计算表

材料：DFG 电路板　　　　　　　2019 年 10 月 31 日　　　　　　　　单位：元

| 日期 | 期初余额 | | | 本期购进 | | | 加权单位成本 |
|---|---|---|---|---|---|---|---|
| | 数量 | 单价 | 金额 | 数量 | 单价 | 金额 | |
| | | | | | | | |
| | | | | | | | |
| | | | | | | | |
| | | | | | | | |
| | | | | | | | |
| | | | | | | | |
| | | | | | | | |
| | | | | | | | |
| | | | | | | | |

会计主管：何建明　　　　　　复核：杨晓梅　　　　　　制表：梁晓芳

## 发出材料成本汇总表

2019 年 10 月 31 日      单位:元

| 部门/用途 | HDP 不锈钢板 | | | SEP 塑料 | | | DRH 电路板 | | | DFG 电路板 | | | 合计 |
|---|---|---|---|---|---|---|---|---|---|---|---|---|---|
| | 数量 | 单价 | 金额 | 数量 | 单价 | 金额 | 数量 | 单价 | 金额 | 数量 | 单价 | 金额 | |
| 电热壶 | | | | | | | | | | | | | |
| 电饭锅 | | | | | | | | | | | | | |
| 合 计 | | | | | | | | | | | | | |

会计主管:何建明      复核:杨晓梅      制表:梁晓芳

(说明:如果计算出的材料加权平均单价需要进行四舍五入,为了保证账面数字之间的平衡关系,需采用倒挤法计算本期发出材料成本。)

(43) 10 月 31 日,计算分配本月工资费用,如下所示。

## 工资结算汇总表

2019 年 10 月      单位:元

| 部门或用途 | 基本工资 | 奖金 | 津贴补贴 | 应付工资 | 代扣款 | 实发工资 |
|---|---|---|---|---|---|---|
| 生产电热壶 | 84 768.00 | 56 921.00 | 54 064.00 | 195 753.00 | | |
| 生产电饭锅 | 57 941.00 | 36 887.00 | 32 330.00 | 127 158.00 | | |
| 车间管理人员 | 16 854.00 | 8 263.00 | 10 249.00 | 35 366.00 | | |
| 行政管理人员 | 16 878.00 | 8 367.00 | 7 672.00 | 32 917.00 | | |
| 销售人员 | 73 696.00 | 34 937.00 | 22 560.00 | 131 193.00 | | |
| 合 计 | 250 137.00 | 145 375.00 | 126 875.00 | 522 387.00 | | |

会计主管:何建明      复核:杨晓梅      制表:梁晓芳

(44) 10 月 31 日,计提本月社会保险费和住房公积金(单位负担部分),如下所示。

## 社会保险费与住房公积金计提表

2019 年 10 月      单位:元

| 部门或用途 | 计提基数 | 基本养老保险费 | | 基本医疗保险费 | | 失业保险费 | | 工伤保险费单位(0.25%) | 保险费合计 | | 住房公积金 | |
|---|---|---|---|---|---|---|---|---|---|---|---|---|
| | | 单位(18%) | 个人(8%) | 单位(8.5%) | 个人(2%) | 单位(0.8%) | 个人(0.2%) | | 单位 | 个人 | 单位(8%) | 个人(8%) |
| 生产电热壶 | 195 753.00 | 35 235.54 | 15 660.24 | 16 639.01 | 3 915.06 | 1 566.02 | 391.51 | 489.38 | 53 929.95 | 19 966.81 | 15 660.24 | 15 660.24 |
| 生产电饭锅 | 127 158.00 | 22 888.44 | 10 172.64 | 10 808.43 | 2 543.16 | 1 017.26 | 254.32 | 317.90 | 35 032.03 | 12 970.12 | 10 172.64 | 10 172.64 |
| 车间管理 | 35 366.00 | 6 365.88 | 2 829.28 | 3 006.11 | 707.32 | 282.93 | 70.73 | 88.42 | 9 743.33 | 3 607.33 | 2 829.28 | 2 829.28 |
| 行政管理 | 32 917.00 | 5 925.06 | 2 633.36 | 2 797.95 | 658.34 | 263.34 | 65.83 | 82.29 | 9 068.63 | 3 357.53 | 2 633.36 | 2 633.36 |
| 销售人员 | 131 193.00 | 23 614.74 | 10 495.44 | 11 151.41 | 2 623.86 | 1 049.54 | 262.39 | 327.98 | 36 143.67 | 13 381.69 | 10 495.44 | 10 495.44 |
| 合 计 | 522 387.00 | 94 029.66 | 41 790.96 | 44 402.90 | 10 447.74 | 4 179.10 | 1 044.77 | 1 305.97 | 143 917.62 | 53 283.47 | 41 790.96 | 41 790.96 |

会计主管:何建明      复核:杨晓梅      制表:梁晓芳

(45) 10 月 31 日,结转本月应从职工工资中扣除的各种代扣代垫款,如下所示。

## 代扣代垫款汇总表

2019 年 10 月　　　　　　　　　　　　　　　单位:元

| 部门或用途 | 计提基数 | 基本养老保险费 个人(8%) | 基本医疗保险费 个人(2%) | 失业保险费 个人(0.2%) | 保险费合计 个人 | 住房公积金 个人(8%) | 个人所得税 |
|---|---|---|---|---|---|---|---|
| 生产电热壶 | 195 753.00 | 15 660.24 | 3 915.06 | 391.51 | 19 966.81 | 15 660.24 | 360.54 |
| 生产电饭锅 | 127 158.00 | 10 172.64 | 2 543.16 | 254.32 | 12 970.12 | 10 172.64 | 229.08 |
| 车间管理 | 35 366.00 | 2 829.28 | 707.32 | 70.73 | 3 607.33 | 2 829.28 | 168.99 |
| 行政管理 | 32 917.00 | 2 633.36 | 658.34 | 65.83 | 3 357.53 | 2 633.36 | 157.01 |
| 销售人员 | 131 193.00 | 10 495.44 | 2 623.86 | 262.39 | 13 381.69 | 10 495.44 | 330.98 |
| 合　计 | 522 387.00 | 41 790.96 | 10 447.74 | 1 044.77 | 53 283.47 | 41 790.96 | 1 246.60 |

会计主管:何建明　　　　　复核:杨晓梅　　　　　制表:梁晓芳

(46) 10 月 31 日,结转本月职工福利费到管理费用,如下所示。

## 职工福利费分配表

2019 年 10 月　　　　　　　　　　　　　　　单位:元

| 部门或用途 | 职工福利费 | 备　注 |
|---|---|---|
| 管理费用 | 800.00 | |
|  |  | |
| 合　计 | ￥800.00 | |

会计主管:何建明　　　　　复核:杨晓梅　　　　　制表:梁晓芳

(47) 10 月 31 日,计提本月工会经费,如下所示。

## 工会经费计提表

2019 年 10 月　　　　　　　　　　　　　　　单位:元

| 部门或用途 | 计提基数 | 计提比例 | 计提金额 | 备　注 |
|---|---|---|---|---|
| 生产电热壶 | 195 753.00 | 2% | | |
| 生产电饭锅 | 127 158.00 | 2% | | |
| 车间管理 | 35 366.00 | 2% | | |
| 行政管理 | 32 917.00 | 2% | | |
| 销售人员 | 131 193.00 | 2% | | |
| 合　计 | 522 387.00 | 2% | | |

会计主管:何建明　　　　　复核:杨晓梅　　　　　制表:梁晓芳

(48) 10 月 31 日,计提本月职工教育经费,如下所示。

## 职工教育经费计提表

2019 年 10 月　　　　　　　　　　　　　　　单位:元

| 部门或用途 | 计提基数 | 计提比例 | 计提金额 | 备　注 |
|---|---|---|---|---|
| 生产电热壶 | 195 753.00 | 1.5% | | |
| 生产电饭锅 | 127 158.00 | 1.5% | | |
| 车间管理 | 35 366.00 | 1.5% | | |
| 行政管理 | 32 917.00 | 1.5% | | |
| 销售人员 | 131 193.00 | 1.5% | | |
| 合　计 | 522 387.00 | 1.5% | | |

会计主管:何建明　　　　　复核:杨晓梅　　　　　制表:梁晓芳

(49) 10月31日,计算并分配本月电费,如下所示。

## 电费分配表
2019年10月

| 部门或用途 | 用电量(度) | 单价(元/度) | 应分配电费(元) |
|---|---|---|---|
| 生产电热壶 | 5 600 | 1.20 | |
| 生产电饭锅 | 4 900 | 1.20 | |
| 车间管理 | 672 | 1.20 | |
| 行政管理 | 380 | 1.20 | |
| 销售机构 | 260 | 1.20 | |
| 合计 | 11 812 | 1.20 | |

会计主管:何建明　　　　复核:杨晓梅　　　　制表:梁晓芳

(50) 10月31日,计算并分配本月水费,如下所示。

## 水费分配表
2019年10月

| 部门或用途 | 用水量(吨) | 单价(元/吨) | 应分配水费(元) |
|---|---|---|---|
| 生产电热壶 | 122 | 4.00 | |
| 生产电饭锅 | 98 | 4.00 | |
| 车间管理 | 9 | 4.00 | |
| 行政管理 | 14 | 4.00 | |
| 销售机构 | 10 | 4.00 | |
| 合计 | 253 | 4.00 | |

会计主管:何建明　　　　复核:杨晓梅　　　　制表:梁晓芳

(51) 10月31日,计提本月固定资产折旧,如下所示。

## 折旧计算表
2019年10月　　　　　　　　　　　　　　　　　　单位:元

| 固定资产类型 | | 固定资产价值 | 月折旧率 | 月折旧额 |
|---|---|---|---|---|
| 生产用固定资产 | 房屋 | 1 340 160.00 | 0.42% | |
| | 设备 | 893 440.00 | 1.05% | |
| 非生产用固定资产 | 房屋 | 390 880.00 | 0.42% | |
| | 设备 | 167 520.00 | 1.05% | |
| 合计 | | 2 792 000.00 | — | |

会计主管:何建明　　　　复核:杨晓梅　　　　制表:梁晓芳

(52) 10月31日,计提本月无形资产累计摊销额,如下所示。

## 无形资产摊销计算表
2019年10月　　　　　　　　　　　　　　　　　　单位:元

| 无形资产类型 | 无形资产价值 | 月摊销率 | 月摊销额 |
|---|---|---|---|
| 电热壶专利 | 150 000.00 | 1.666 667% | |
| 电饭锅专利 | 270 000.00 | 1.666 667% | |
| 合计 | 420 000.00 | — | |

会计主管:何建明　　　　复核:杨晓梅　　　　制表:梁晓芳

(53) 10月31日，分配结转本月制造费用，如下所示。

## 制造费用分配表

2019年10月

| 产品项目 | 分配标准（工时） | 分配率(元/工时) | 分配金额(元) |
|---|---|---|---|
| 生产电热壶 | 2 880 | | |
| 生产电饭锅 | 2 240 | | |
| 合计 | 5 120 | | |

会计主管：何建明　　　　　　复核：杨晓梅　　　　　　制表：梁晓芳

(54) 10月31日，计算本月完工产品成本，如下所示。

## 完工产品成本计算单

2019年10月31日　　　　　　　　　　　　　　　　单位：元

产品名称：电热壶（只）　　　　　　　　　　　　完工产品数量：

| 项　目 | | 产量 | 直接材料 | 直接人工 | 水费 | 电费 | 制造费用 | 其他费用 | 合计 |
|---|---|---|---|---|---|---|---|---|---|
| 期初在产品成本 | 在产品数量 | | | | | | | | |
| | 约当产量 | | | | | | | | |
| 本月生产费用 | 投入量 | | | | | | | | |
| | 生产费用 | | | | | | | | |
| 生产费用合计 | | — | | | | | | | |
| 完工产品成本 | 总成本 | | | | | | | | |
| | 单位成本 | | | | | | | | |
| 期末在产品成本 | 在产品数量 | | | | | | | | |
| | 约当产量 | | | | | | | | |

会计主管：何建明　　　　　　复核：杨晓梅　　　　　　制表：梁晓芳

## 完工产品成本计算单

2019年10月31日　　　　　　　　　　　　　　　　单位：元

产品名称：电饭锅（只）　　　　　　　　　　　　完工产品数量：

| 项　目 | | 产量 | 直接材料 | 直接人工 | 水费 | 电费 | 制造费用 | 其他费用 | 合计 |
|---|---|---|---|---|---|---|---|---|---|
| 期初在产品成本 | 在产品数量 | | | | | | | | |
| | 约当产量 | | | | | | | | |
| 本月生产费用 | 投入量 | | | | | | | | |
| | 生产费用 | | | | | | | | |
| 生产费用合计 | | — | | | | | | | |
| 完工产品成本 | 总成本 | | | | | | | | |
| | 单位成本 | | | | | | | | |
| 期末在产品成本 | 在产品数量 | | | | | | | | |
| | 约当产量 | | | | | | | | |

会计主管：何建明　　　　　　复核：杨晓梅　　　　　　制表：梁晓芳

(55) 10月31日,计算并结转本月产品销售成本,如下所示。

## 发出产品单位成本计算表

产品名称:电热壶　　　　　　　　2019年10月31日　　　　　　　　　　　　单位:元

| 日期 | 期初余额 | | | 本期完工 | | | 加权单位成本 |
|---|---|---|---|---|---|---|---|
| | 数量 | 单位成本 | 金额 | 数量 | 单位成本 | 金额 | |
| | | | | | | | |
| | | | | | | | |
| | | | | | | | |
| | | | | | | | |
| | | | | | | | |
| | | | | | | | |

会计主管:何建明　　　　　　复核:杨晓梅　　　　　　制表:梁晓芳

## 发出产品单位成本计算表

产品名称:电饭锅　　　　　　　　2019年10月31日　　　　　　　　　　　　单位:元

| 日期 | 期初余额 | | | 本期完工 | | | 加权单位成本 |
|---|---|---|---|---|---|---|---|
| | 数量 | 单位成本 | 金额 | 数量 | 单位成本 | 金额 | |
| | | | | | | | |
| | | | | | | | |
| | | | | | | | |
| | | | | | | | |
| | | | | | | | |
| | | | | | | | |

会计主管:何建明　　　　　　复核:杨晓梅　　　　　　制表:梁晓芳

## 产品销售成本汇总表

2019年10月　　　　　　　　　　　　　　　　　　　　单位:元

| 产品名称 | 计量单位 | 销售量 | 单位成本 | 总成本 |
|---|---|---|---|---|
| 电热壶 | | | | |
| 电饭锅 | | | | |
| 合计 | | | | |

会计主管:何建明　　　　　　复核:杨晓梅　　　　　　制表:梁晓芳

(56) 10月31日,按应收账款余额百分比法计提本月坏账准备金(5‰),如下所示。

## 坏账准备计提表

2019年10月31日　　　　　　　　　　　　　　　　　单位:元

| 时间 | 应收账款余额 | 计提比例 | 当期应计提 | 计提前余额 | 当期实际计提 |
|---|---|---|---|---|---|
| | | | | | |
| | | | | | |
| | | | | | |

会计主管:何建明　　　　　　复核:杨晓梅　　　　　　制表:梁晓芳

(57) 10月31日,结转当月应交而未交(或多交)的增值税,如下所示。

## 内部转账单

2019年10月31日　　　　　　　　　　　　　　　　　　　　　　　　转字第101号

| 摘　要 | 结转账户 | | | 转入账户 | | |
|---|---|---|---|---|---|---|
| | 总账账户 | 明细账户 | 金额(元) | 总账账户 | 明细账户 | 金额(元) |
| | | | | | | |
| | | | | | | |
| 合　计 | | | | | | |

会计主管:何建明　　　　　　　　复核:杨晓梅　　　　　　　　制表:梁晓芳

(58) 10月31日,计算本月应交城市维护建设税(7%)、教育费附加(3%)、地方教育费附加(2%)、堤围防护费(营业收入×0.072%),如下所示。

## 税费计算表

2019年10月31日　　　　　　　　　　　　　　　　　　　　　　　　单位:元

| 税(费)种 | 计税基数 | 税(费)率 | 税(费)额 | 备　注 |
|---|---|---|---|---|
| 城市维护建设税 | | | | |
| 教育费附加 | | | | |
| 地方教育费附加 | | | | |
| 堤围防护费 | | | | |
| 合　计 | | | | |

会计主管:何建明　　　　　　　　复核:杨晓梅　　　　　　　　制表:梁晓芳

(59) 10月31日,结转本月损益类账户,如下所示。

## 损益类账户发生额表(结转到本年利润前)

2019年10月　　　　　　　　　　　　　　　　　　　　　　　　　　单位:元

| 收入类账户 | 借方发生额 | 贷方发生额 | 费用类账户 | 借方发生额 | 贷方发生额 |
|---|---|---|---|---|---|
| | | | | | |
| | | | | | |
| | | | | | |
| | | | | | |
| | | | | | |
| | | | | | |
| | | | | | |
| | | | | | |
| | | | | | |
| | | | | | |
| | | | | | |
| 合　计 | | | 合　计 | | |

会计主管:何建明　　　　　　　　复核:杨晓梅　　　　　　　　制表:梁晓芳

## 内部转账单

2019 年 10 月 31 日　　　　　　　　　　　　　　　　　转字第 102 号

| 摘要 | 结转账户 | | | 转入账户 | | |
|---|---|---|---|---|---|---|
| | 总账账户 | 明细账户 | 金额(元) | 总账账户 | 明细账户 | 金额(元) |
| 结转收入类账户 | | | | | | |
| | | | | | | |
| | | | | | | |
| | | | | | | |
| | | | | | | |
| | | | | | | |
| | | | | | | |
| | | | | | | |
| 合计 | | | | | | |

会计主管:何建明　　　　　　复核:杨晓梅　　　　　　制表:梁晓芳

## 内部转账单

2019 年 10 月 31 日　　　　　　　　　　　　　　　　　转字第 103 号

| 摘要 | 结转账户 | | | 转入账户 | | |
|---|---|---|---|---|---|---|
| | 总账账户 | 明细账户 | 金额(元) | 总账账户 | 明细账户 | 金额(元) |
| 结转费用类账户 | | | | | | |
| | | | | | | |
| | | | | | | |
| | | | | | | |
| | | | | | | |
| | | | | | | |
| | | | | | | |
| | | | | | | |
| 合计 | | | | | | |

会计主管:何建明　　　　　　复核:杨晓梅　　　　　　制表:梁晓芳

(60) 10月31日,计算并结转本月应交企业所得税,企业所得税税率为25%,如下所示。

## 税 费 计 算 表

2019年10月31日 单位:元

| 税(费)种 | 计税基数 | 税(费)率 | 税(费)额 | 备注 |
|---|---|---|---|---|
| 企业所得税 | | | | |
| | | | | |
| | | | | |
| 合 计 | | | | |

会计主管:何建明　　　　　　复核:杨晓梅　　　　　　制表:梁晓芳

## 内 部 转 账 单

2019年10月31日 转字第104号

| 摘 要 | 结转账户 | | | 转入账户 | | |
|---|---|---|---|---|---|---|
| | 总账账户 | 明细账户 | 金额(元) | 总账账户 | 明细账户 | 金额(元) |
| 结转所得税费用 | | | | | | |
| | | | | | | |
| | | | | | | |
| 合 计 | | | | | | |

会计主管:何建明　　　　　　复核:杨晓梅　　　　　　制表:梁晓芳

(61) 10月31日,结转"本年利润"账户余额到"利润分配——未分配利润"账户,如下所示。

## 内 部 转 账 单

2019年10月31日 转字第105号

| 摘 要 | 结转账户 | | | 转入账户 | | |
|---|---|---|---|---|---|---|
| | 总账账户 | 明细账户 | 金额(元) | 总账账户 | 明细账户 | 金额(元) |
| 结转"本年利润"账户余额 | | | | | | |
| | | | | | | |
| | | | | | | |
| 合 计 | | | | | | |

会计主管:何建明　　　　　　复核:杨晓梅　　　　　　制表:梁晓芳

## 2. 11月份经济业务

(1) 11月1日,填写银行本票申请书,向开户行申请签发银行本票,如下所示。

## 中国建设银行银行本票申请书（存根）   1

申请日期 2019 年 11 月 01 日　　　　第 002321 号

| 受款单位或个人名称 | 广东新怡塑料有限公司 | 本票号码 | 0145620602 |
|---|---|---|---|
| 申请签发 本票金额（大写） | 伍万元整 | ￥ | 50 000.00 |

申请人名称 广东桥心电器有限公司
申请人地址（或账号）71682674052

（申请人签章：陈乔欣；广东桥心电器有限公司财务专用章；中国建设银行银行本票专用章 440713256269685）

申请人签章　　银行出纳　　复核　　记账　　验印

此联由申请人签发单位或个人留存，代替记账凭证

（2）11月2日，向广东新怡塑料有限公司采购 SEP 塑料一批，收到增值税专用发票，款项以银行本票支付，SEP 塑料尚未收到，如下所示。

### 广东增值税专用发票

4406541741　　　　　　　　　　　　　　No 341062501

发票联　　　　开票日期：2019 年 11 月 02 日

| 购买方 | 名　称：广东桥心电器有限公司 纳税人识别号：440703256268024 地　址、电　话：惠州市仲恺大道 248 号 88327589 开户行及账号：惠州市建行仲恺支行 71682674052 | 密码区 | （略） |
|---|---|---|---|

| 货物或应税劳务、服务名称 | 规格型号 | 单位 | 数量 | 单价 | 金额 | 税率 | 税额 |
|---|---|---|---|---|---|---|---|
| *塑料制品*SEP 塑料 |  | 千克 | 2 500 | 11.20 | 28 000.00 | 13％ | 3 640.00 |
| 合　　　计 |  |  |  |  | ￥28 000.00 |  | ￥3 640.00 |

| 价税合计（大写） | ⊗叁万壹仟陆佰肆拾圆整 | （小写）￥31 640.00 |
|---|---|---|

| 销售方 | 名　称：广东新怡塑料有限公司 纳税人识别号：440703285268026 地　址、电　话：惠州市仲恺大道 19 号 89937587 开户行及账号：惠州工行仲恺支行 71606913123 | 备注 | （广东新怡塑料有限公司 440703285268026 收票专用章） |
|---|---|---|---|

收款人：张泽林　　复核：李立华　　开票人：陈红娜　　销售方：（章）

第三联：发票联　购买方记账凭证

### 收　据
No 0001341

2019 年 11 月 2 日

今收到　广东桥心电器有限公司交来的银行本票一张。

金额（大写）：⊗拾伍万零仟零佰零拾零元零角零分（￥50 000.00）

（广东新怡塑料有限公司 440703285268026 收票专用章）

会计主管：陈莉　　复核：李立华　　收款人：张泽林　　单位盖章

第一联　交付款人

（3）11月3日，收到广东新怡塑料有限公司退回的银行本票多余款，如下所示。

## 中国工商银行支票(粤)    GS 02031101

付款期限自出票之日起十天

出票日期(大写)：贰零壹玖年壹拾壹月零叁日  
付款行名称：惠州工行仲恺支行  
收款人：广东桥心电器有限公司  
出票人账号：71606913123  

人民币(大写)：壹万捌仟叁佰陆拾元整　　￥18360.00

用途：支付银行本票余款

（广东新怡塑料有限公司财务专用章）　（谢丽华）

上列款项请从我账户内支付  
出票人签章

附加信息：

被背书人：　　　　　被背书人：

背书人签章　　　　　背书人签章  
年　月　日　　　　　年　月　日

## 中国建设银行进账单　(回 单)　　1

年　月　日

| 出票人 | 全　称 | | 收款人 | 全　称 | |
|---|---|---|---|---|---|
| | 账　号 | | | 账　号 | |
| | 开户银行 | | | 开户银行 | |
| 金额 | 人民币(大写) | | 亿千百十万千百十元角分 | | |

票据种类　　　　票据张数  
票据号码

复核　　记账　　　　　　　　　开户银行盖章

此联是开户银行交给持(出)票人的回单

(4) 11月3日，向广东新怡塑料有限公司采购的SEP塑料到达，验收合格入库，如下所示。

### 收 料 单

2019年11月03日　　　　　　　　　收字第1101号

| 材料名称 | 规格型号 | 单 位 | 应收数量 | 实收数量 | 金额(元) |
|---|---|---|---|---|---|
| SEP塑料 | | 千克 | 2 500 | 2 500 | 28 000.00 |
| | | | | | |

仓库主管：陈德明　　　验收：李怡华　　　收料：朱永材

(5) 11月6日,领用材料,投入5 000只电热壶、2 000只电饭锅生产,如下所示。

## 领 料 单

用途:生产电热壶　　　　　　2019年11月06日　　　　　　领字第01101号

| 材料名称 | 规格型号 | 单 位 | 请领数量 | 实发数量 | 金额(元) |
|---|---|---|---|---|---|
| HDP 钢板 | | 千克 | 1 000 | 1 000 | |
| SEP 塑料 | | 千克 | 1 000 | 1 000 | |
| DRH 电路板 | | 块 | 5 000 | 5 000 | |

仓库主管:陈德明　　　复核:杨晓梅　　　发料:朱永材　　　制单:梁晓芳

## 领 料 单

用途:生产电饭锅　　　　　　2019年11月06日　　　　　　领字第01102号

| 材料名称 | 规格型号 | 单 位 | 请领数量 | 实发数量 | 金额(元) |
|---|---|---|---|---|---|
| HDP 钢板 | | 千克 | 1 200 | 1 200 | |
| SEP 塑料 | | 千克 | 1 200 | 1 200 | |
| DFG 电路板 | | 块 | 2 000 | 2 000 | |

仓库主管:陈德明　　　复核:杨晓梅　　　发料:朱永材　　　制单:梁晓芳

(6) 11月6日,向广东惠欣电器有限公司销售电热壶1 000只,单价65元;电饭锅500只,单价160元,开出增值税专用发票,货款未收,如下所示。

4601041141　　　　　　**广东增值税专用发票**　　　　　　No 031131101

发票联　　　　　　开票日期:2019年11月06日

| 购买方 | 名　　称: 广东惠欣电器有限公司 纳税人识别号:440703535468026 地　址、电话:惠州市金山大道136号89547586 开户行及账号:惠州建行金山支行71606969058 | 密码区 | (略) | | |
|---|---|---|---|---|---|
| 货物或应税劳务、服务名称 | 规格型号 | 单位 | 数量 | 单价 | 金额 | 税率 | 税额 |

| 货物或应税劳务、服务名称 | 规格型号 | 单位 | 数量 | 单价 | 金额 | 税率 | 税额 |
|---|---|---|---|---|---|---|---|
| *家用电器*电热壶 | | 只 | 1 000 | 65.00 | 65 000.00 | 13% | 8 450.00 |
| *家用厨房电器具*电饭锅 | | 只 | 500 | 160.00 | 80 000.00 | 13% | 10 400.00 |
| 合　　计 | | | | | ¥145 000.00 | | ¥18 850.00 |
| 价税合计(大写) | ⊗ 壹拾陆万叁仟捌佰伍拾圆整 | | | | (小写)¥163 850.00 | | |

| 销售方 | 名　　称: 广东桥心电器有限公司 纳税人识别号:440703256268024 地　址、电话:惠州市仲恺大道248号88327589 开户行及账号:惠州市建行仲恺支行71682674052 | 备注 | (广东桥心电器有限公司 440703256268024 发票专用章) |
|---|---|---|---|

收款人:谢惠新　　　复核:杨晓梅　　　开票人:王耀林　　　销售方:(章)

第三联:发票联　购买方记账凭证

## 三、经济业务

4601041141

### 广东增值税专用发票

此联不作报销、扣税凭证使用　开票日期:2019 年 11 月 06 日

No 031131101

| 购买方 | 名　　称：广东惠欣电器有限公司<br>纳税人识别号：440703535468026<br>地　址、电话：惠州市金山大道 136 号 89547586<br>开户行及账号：惠州建行金山支行 71606969058 | 密码区 | （略） |
|---|---|---|---|

| 货物或应税劳务、服务名称 | 规格型号 | 单位 | 数量 | 单价 | 金额 | 税率 | 税额 |
|---|---|---|---|---|---|---|---|
| *家用电器*电热壶 | | 只 | 1 000 | 65.00 | 65 000.00 | 13% | 8 450.00 |
| *家用厨房电器具*电饭锅 | | 只 | 500 | 160.00 | 80 000.00 | 13% | 10 400.00 |
| 合　　　计 | | | | | ¥145 000.00 | | ¥18 850.00 |
| 价税合计（大写） | ⊗ 壹拾陆万叁仟捌佰伍拾圆整 | | | | （小写）¥163 850.00 | | |

| 销售方 | 名　　称：广东桥心电器有限公司<br>纳税人识别号：440703256268024<br>地　址、电话：惠州市仲恺大道 248 号 88327589<br>开户行及账号：惠州市建行仲恺支行 71682674052 | 备注 | |
|---|---|---|---|

收款人：谢惠新　　复核：杨晓梅　　开票人：王耀林　　销售方：(章)

第一联：记账联　销售方记账凭证

### 产品出库单

2019 年 11 月 06 日　　　　　　　　　　　　　　　　第 01101 号

| 产品名称 | 规　　格 | 型　　号 | 单　　位 | 数　　量 | 单位成本 | 金额（元） |
|---|---|---|---|---|---|---|
| 电热壶 | | | 只 | 1 000 | | |
| 电饭锅 | | | 只 | 500 | | |

仓库主管：陈德明　　复核：杨晓梅　　发货：朱永材　　制单：梁晓芳

（7）11 月 7 日，收到广东惠欣电器有限公司支付的前欠货款，如下所示。

### 中国建设银行支票(粤)

GS 32461101

出票日期（大写）：贰零壹玖年壹拾壹月零柒日　　付款行名称：惠州建行金山支行
收款人：广东桥心电器有限公司　　　　　　　　　出票人账号：71606969058

| 人民币（大写） | 壹拾陆万叁仟捌佰伍拾元整 | 千 | 百 | 十 | 万 | 千 | 百 | 十 | 元 | 角 | 分 |
|---|---|---|---|---|---|---|---|---|---|---|---|
| | | | ¥ | 1 | 6 | 3 | 8 | 5 | 0 | 0 | 0 |

付款期限自出票之日起十天

用途：支付货款

上列款项请从我账户内支付

出票人签章

[广东惠欣电器有限公司财务专用章]　[陈金明]

密码＿＿＿＿＿＿＿
行号＿＿＿＿＿＿＿
复核　　　记账

附加信息：

| 被背书人： | 被背书人： |
|---|---|
| 背书人签章<br>年　月　日 | 背书人签章<br>年　月　日 |

三、经济业务

## 中国建设银行进账单 （回单）    1
年　月　日

| 出票人 | 全　称 | | 收款人 | 全　称 | | | | | | | | | | | |
|---|---|---|---|---|---|---|---|---|---|---|---|---|---|---|---|
| | 账　号 | | | 账　号 | | | | | | | | | | | |
| | 开户银行 | | | 开户银行 | | | | | | | | | | | |
| 金额 | 人民币（大写） | | | | 亿 | 千 | 百 | 十 | 万 | 千 | 百 | 十 | 元 | 角 | 分 |
| 票据种类 | | 票据张数 | | | | | | | | | | | | | |
| 票据号码 | | | | | | | | | | | | | | | |
| 复核　　　　记账 | | | | 开户银行盖章 | | | | | | | | | | | |

此联是开户银行交给持（出）票人的回单

(8) 11月7日，电热壶4 000只、电饭锅1 000只完工，验收合格入库，如下所示。

### 产成品入库单
2019年11月07日　　　　　　　　　　　　　　　收字第1101号

| 产品名称 | 规格型号 | 单位 | 应收数量 | 实收数量 | 金额（元） |
|---|---|---|---|---|---|
| 电热壶 | | 只 | 4 000 | 4 000 | |
| 电饭锅 | | 只 | 1 000 | 1 000 | |

仓库主管：陈德明　　　复核：朱永材　　　验收：李怡华　　　制单：梁晓芳

(9) 11月7日，将一张由广东惠欣电器有限公司9月7日签发的、为期5个月、票面金额为40 000元的银行承兑汇票向银行申请贴现（银行不享有追索权），银行规定贴现率为6%，如下所示。

### 贴现凭证（收账通知）
2019年11月07日　　　　　　　　　　　　　凭证编号：0068972

| 申请人 | 全　称 | 广东桥心电器有限公司 | 贴现汇票 | 种　类 | 银行承兑汇票 | | | | | | | | | |
|---|---|---|---|---|---|---|---|---|---|---|---|---|---|---|
| | 账号地址 | 71682674052 | | 出票日 | 2019年9月7日 | | | | | | | | | |
| | 开户银行 | 惠州市建行仲恺支行 | | 到期日 | 2020年2月7日 | | | | | | | | | |
| 汇票金额 | 人民币（大写） | ⊗肆万元整 | | | 千 | 百 | 十 | 万 | 千 | 百 | 十 | 元 | 角 | 分 |
| | | | | | | ¥ | 4 | 0 | 0 | 0 | 0 | 0 | 0 | |
| 年贴现率 | 6% | 贴现利息 | ¥600.00 | 贴现金额 | | | ¥39 400.00 | | | | | | | |
| 汇票承兑人：广东惠欣电器有限公司 | | | 开户行 | 惠州建行金山支行 | 账号 | 71606969058 | | | | | | | | |
| 备注：贴现款已存入你单位账户。 | | | | 科目（付） | | | | | | | | | | |
| | | | | 对方科目（收） | 办讫章 | | | | | | | | | |
| | | 银行盖章：2019年11月07日 | | 复核　　　记账 | (4) | | | | | | | | | |

（中国建设银行股份有限公司 惠州仲恺支行 2019.11.07）

此联是贴现银行交贴现申请单位的收账通知

### 三、经济业务

（10）11月7日，向广东华新钢材有限公司采购HDP钢板一批，收到增值税专用发票与货物运费增值税专用发票（运费已由华新钢材公司垫付），款项以银行承兑汇票支付，钢板已验收入库，如下所示。

**4408241741**

广东增值税专用发票 发票联   No 421061501

开票日期：2019 年 11 月 07 日

| 购买方 | 名　　　称：广东桥心电器有限公司<br>纳税人识别号：440703256268024<br>地　址、电　话：惠州市仲恺大道248号 88327589<br>开户行及账号：惠州市建行仲恺支行 71682674052 | | | | | 密码区 | (略) | | |
|---|---|---|---|---|---|---|---|---|---|
| 货物或应税劳务、服务名称 | 规格型号 | 单位 | 数量 | 单价 | 金额 | | 税率 | | 税额 |
| *黑色金属冶炼压延品* HDP钢板 | | 千克 | 5 000 | 13.50 | 67 500.00 | | 13% | | 8 775.00 |
| 合　　　计 | | | | | ￥67 500.00 | | | | ￥8 775.00 |
| 价税合计（大写） | ⊗柒万陆仟贰佰柒拾伍圆整 | | | | | | （小写）￥76 275.00 | | |
| 销售方 | 名　　　称：广东华新钢材有限公司<br>纳税人识别号：440703568268026<br>地　址、电　话：惠州市惠南大道96号 86637584<br>开户行及账号：惠州建行惠南支行 71606313052 | | | | | 备注 | | | |

收款人：　　　复核：李立华　　　开票人：陈红娜　　　销售方：(章)

---

**4406235372**

广东增值税专用发票 发票联　　No 391061101

开票日期：2019 年 11 月 07 日

| 购买方 | 名　　　称：广东桥心电器有限公司<br>纳税人识别号：440703256268024<br>地　址、电　话：惠州市仲恺大道248号 88327589<br>开户行及账号：惠州市建行仲恺支行 71682674052 | | | | | 密码区 | (略) | | |
|---|---|---|---|---|---|---|---|---|---|
| 货物或应税劳务、服务名称 | 规格型号 | 单位 | 数量 | 单价 | 金额 | | 税率 | | 税额 |
| *运输服务* 运输 | | | | | 500.00 | | 9% | | 45.00 |
| 合　　　计 | | | | | ￥500.00 | | | | ￥45.00 |
| 价税合计（大写） | ⊗伍佰肆拾伍圆整 | | | | | | （小写）￥545.00 | | |
| 销售方 | 名　　　称：广东通达快递有限公司<br>纳税人识别号：440766208268039<br>地　址、电　话：惠州市惠南大道119号 83697282<br>开户行及账号：惠州交行惠南支行 71658643031 | | | | | 备注 | 惠南大道——仲恺大道<br>HDP钢板 | | |

收款人：　　　复核：　　　开票人：李晓红　　　销售方：(章)

---

### 收　料　单

2019 年 11 月 07 日　　　　　　收字第 1102 号

| 材料名称 | 规格型号 | 单　位 | 应收数量 | 实收数量 | 金额（元） |
|---|---|---|---|---|---|
| HDP钢板 | | 千克 | 5 000 | 5 000 | 68 000.00 |
| | | | | | |

仓库主管：陈德明　　　验收：李怡华　　　收料：朱永材

## 三、经济业务

### 银行承兑汇票　　4

出票日期(大写)：贰零壹玖年壹拾壹月零柒日　　汇票号码：0563891

| 出票人全称 | 广东桥心电器有限公司 | 收款人 | 全称 | 广东华新钢材有限公司 |
|---|---|---|---|---|
| 出票人账号 | 71682674052 | | 账号 | 71606313052 |
| 付款行全称 | 惠州市建行仲恺支行 | | 开户银行 | 建行惠南支行　　行号　02436 |

| 出票金额 | 人民币(大写) | 柒万陆仟捌佰贰拾元整 | 亿千百十万千百十元角分 ¥ 7 6 8 2 0 0 0 |
|---|---|---|---|

| 汇票到期日(大写) | 贰零贰零年零壹月零柒日 | 付款行 | 行号 | 01692 |
|---|---|---|---|---|
| 承兑协议编号 | 0020169432 | | 地址 | 惠州市仲恺大道256号 |

本汇票请你行承兑，此项汇票款我单位承兑协议于到期日前足额交存银行，到期请予以支付。

出票人签章：广东桥心电器有限公司财务专用章　陈乔欣

本汇票已承兑，到期由本行承付。

承兑行签章：（中国建设银行承兑汇票专用章）
承兑日期：2019.11.07

备注：

此联作为签发单位记账凭证附件

---

（11）11月8日，向广东金程电器有限公司销售电热壶2 000只，单价60元；电饭锅1 000只，单价165元，开出增值税专用发票，货款已收，如下所示。

### 广东增值税专用发票

4601041141　　发票联　　No 031131102

开票日期：　年　月　日

| 购买方 | 名　称： |  |
|---|---|---|
| | 纳税人识别号： | 密码区 （略） |
| | 地　址、电　话： | |
| | 开户行及账号： | |

| 货物或应税劳务、服务名称 | 规格型号 | 单位 | 数量 | 单价 | 金额 | 税率 | 税额 |
|---|---|---|---|---|---|---|---|
| | | | | | | | |
| | | | | | | | |
| 合　计 | | | | | | | |

| 价税合计(大写) | ⊗ | （小写） |
|---|---|---|

| 销售方 | 名　称： | 备注 |
|---|---|---|
| | 纳税人识别号： | 广东桥心电器有限公司 440703256268024 发票专用章 |
| | 地　址、电　话： | |
| | 开户行及账号： | |

收款人：谢惠新　　复核：杨晓梅　　开票人：王耀林　　销售方：（章）

三、经济业务

## 广东增值税专用发票

4601041141　　　　　　　　　　　　　　　　　　　　　　　　No 031131102

此联不作报销、扣税凭证使用　　开票日期：　年　月　日

| 购买方 | 名　　　　称：<br>纳税人识别号：<br>地　址、电　话：<br>开户行及账号： | | | | | 密码区 | | （略） | | |
|---|---|---|---|---|---|---|---|---|---|---|
| 货物或应税劳务、服务名称 | | 规格型号 | 单位 | 数量 | 单价 | | 金额 | 税率 | 税额 | |
| 合　　　　计 | | | | | | | | | | |
| 价税合计（大写） | | ⊗ | | | | | （小写） | | | |
| 销售方 | 名　　　　称：<br>纳税人识别号：<br>地　址、电　话：<br>开户行及账号： | | | | | 备注 | | | | |

收款人：谢惠新　　　复核：杨晓梅　　　开票人：王耀林　　　销售方：（章）

第一联：记账联　销售方记账凭证

## 产品出库单

2019 年 11 月 08 日　　　　　　　　　　　　　　　　　　　　第 01102 号

| 产品名称 | 规　格 | 型　号 | 单　位 | 数　量 | 单位成本 | 金额（元） |
|---|---|---|---|---|---|---|
| 电热壶 | | | 只 | 2 000 | | |
| 电饭锅 | | | 只 | 1 000 | | |

仓库主管：陈德明　　　复核：杨晓梅　　　发货：朱永材　　　制单：梁晓芳

## 中国农业银行支票（粤）

GS 13353111

出票日期（大写）贰零壹玖年壹拾壹月零捌日　　付款行名称：惠州农行惠南支行
收款人：广东桥心电器有限公司　　　　　　　　出票人账号：71235469056

| 人民币（大写） | 叁拾贰万贰仟零伍拾元整 | 千 | 百 | 十 | 万 | 千 | 百 | 十 | 元 | 角 | 分 |
|---|---|---|---|---|---|---|---|---|---|---|---|
| | ￥ | | 3 | 2 | 2 | 0 | 5 | 0 | 0 | 0 | |

付款期限自出票之日起十天

用途　　支付货款

上列款项请从我账户内支付

出票人签章　　广东金程电器有限公司财务专用章　　程建源

密码_____　　行号_____　　复核　　记账

附加信息：

被背书人：　　　　　　　　　　　　被背书人：

背书人签章　　　　　　　　　　　　背书人签章
年　月　日　　　　　　　　　　　　年　月　日

## 三、经济业务

**中国建设银行进账单** （回 单）  1

年　月　日

| 出票人 | 全　称 | | 收款人 | 全　称 | |
|---|---|---|---|---|---|
| | 账　号 | | | 账　号 | |
| | 开户银行 | | | 开户银行 | |
| 金额 | 人民币（大写） | | | 亿千百十万千百十元角分 | |
| 票据种类 | | 票据张数 | | | |
| 票据号码 | | | | | |
| 复核 | | 记账 | | 开户银行盖章 | |

此联是开户银行交给持（出）票人的回单

(12) 11月8日,以交易为目的,通过二级市场购入神火股份股票8 000股,另支付交易手续费等相关费用120元,如下所示。

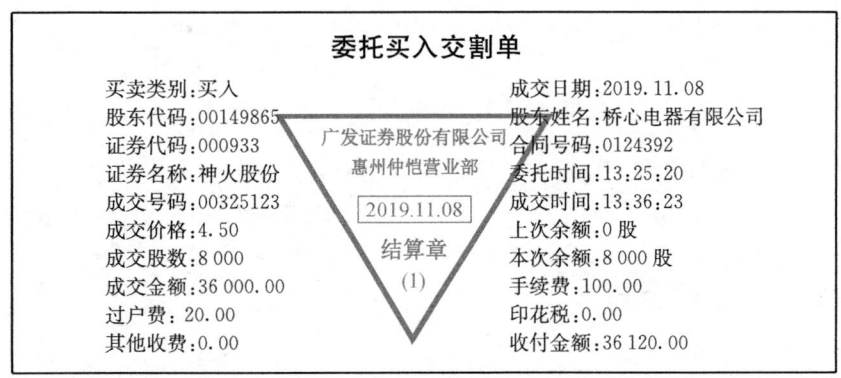

**委托买入交割单**

买卖类别:买入　　　　　　　　成交日期:2019.11.08
股东代码:00149865　　　　　　股东姓名:桥心电器有限公司
证券代码:000933　　　　　　　合同号码:0124392
证券名称:神火股份　　　　　　委托时间:13:25:20
成交号码:00325123　　　　　　成交时间:13:36:23
成交价格:4.50　　　　　　　　上次余额:0 股
成交股数:8 000　　　　　　　 本次余额:8 000 股
成交金额:36 000.00　　　　　 手续费:100.00
过户费:20.00　　　　　　　　 印花税:0.00
其他收费:0.00　　　　　　　　收付金额:36 120.00

（广发证券股份有限公司 惠州仲恺营业部 2019.11.08 结算章(1)）

(13) 11月8日,向广东利源电子有限公司采购DRH电路板一批,收到增值税专用发票,款项已付,DRH电路板未到,如下所示。

**4407541253**　　**广东增值税专用发票**　　No 346073201

**发票联**　　开票日期:2019年11月08日

| 购买方 | 名　称 | 广东桥心电器有限公司 | | | | 密码区 | （略） | | |
|---|---|---|---|---|---|---|---|---|---|
| | 纳税人识别号 | 440703256268024 | | | | | | | |
| | 地　址、电话 | 惠州市仲恺大道248号 88327589 | | | | | | | |
| | 开户行及账号 | 惠州市建行仲恺支行 71682674052 | | | | | | | |
| 货物或应税劳务、服务名称 | 规格型号 | 单位 | 数量 | 单价 | 金额 | | 税率 | 税额 | |
| *印制电路板 *DRH电路板 | | 块 | 6 000 | 11.80 | 70 800.00 | | 13% | 9 204.00 | |
| 合　　计 | | | | | ￥70 800.00 | | | ￥9 204.00 | |
| 价税合计(大写) | | ⊗捌万零肆圆整 | | | | | (小写)￥80 004.00 | | |
| 销售方 | 名　称 | 广东利源电子有限公司 | | | | 备注 | | | |
| | 纳税人识别号 | 440702498268020 | | | | | | | |
| | 地　址、电话 | 惠州市金山大道120号 86682584 | | | | | | | |
| | 开户行及账号 | 惠州农行金山支行 71682543357 | | | | | | | |

（广东利源电子有限公司 440702498268020 发票专用章）

收款人:　　复核:　　开票人:郑志源　　销售方:(章)

第三联:发票联　购买方记账凭证

## 中国建设银行支票存根(粤)

GS 01034101

附加信息＿＿＿＿＿＿＿＿＿

＿＿＿＿＿＿＿＿＿＿＿＿＿

出票日期　年　月　日

| 收款人： |
| 金　额： |
| 用　途： |

单位主管　　　会计

## 中国建设银行支票(粤)

GS 01034101

出票日期(大写)　年　月　日　　付款行名称：

收款人：　　　　　　　　　　　出票人账号：

| 人民币 | | 千 | 百 | 十 | 万 | 千 | 百 | 十 | 元 | 角 | 分 |
| (大 写) | | | | | | | | | | | |

用途＿＿＿＿＿＿＿＿　　　　　密码＿＿＿＿＿＿＿＿＿＿

上列款项请从　[广东桥心电器有限公司财务专用章]　行号＿＿＿＿＿＿＿＿＿＿

我账户内支付　　　　　　　　　　[陈乔欣]

出票人签章　　　　　　　　　　　复核　　　　　记账

付款期限自出票之日起十天

---

附加信息：　　　被背书人　　　被背书人

（粘贴单处）

背书人签章　　背书人签章
年　月　日　　年　月　日

根据《中华人民共和国票据法》等法律法规的规定,签发空头支票由中国人民银行处以票面金额 5% 但不低于1 000元的罚款。

---

(14) 11月9日,收到8日向广东利源电子有限公司采购的 DRH 电路板,验收合格入库,如下所示。

## 收 料 单

2019年11月09日　　　　　　　　　　　　　　　收字第1103号

| 材料名称 | 规格型号 | 单 位 | 应收数量 | 实收数量 | 金额(元) |
|---|---|---|---|---|---|
| DRH 电路板 | | 块 | 6 000 | 6 000 | 70 800.00 |
| | | | | | |

仓库主管：陈德明　　　　　验收：李怡华　　　　　收料：朱永材

(15) 11月10日,广东海天电器有限公司8月10日签发的商业承兑汇票到期,收回票据款,如下所示。

## 三、经济业务

### 托收凭证（收账通知） 4

委托日期：2019 年 11 月 10 日　　付款期限 2019 年 11 月 13 日

| 业务类型 | 委托收款（□邮划、☑电划） | | 托收承付（□邮划、□电划） | | |
|---|---|---|---|---|---|
| 付款人 | 全 称 | 广东海天电器有限公司 | 收款人 | 全 称 | 广东桥心电器有限公司 |
| | 账 号 | 11634813054 | | 账 号 | 71682674052 |
| | 地 址 | 广东省广州市县 | 开户行 | 工行新华支行 | 地 址 广东省惠州市县　开户行 建行仲恺支行 |

| 金额 | 人民币（大写） | 叁万元整 | | | | | | 亿 | 千 | 百 | 十 | 万 | 千 | 百 | 十 | 元 | 角 | 分 |
|---|---|---|---|---|---|---|---|---|---|---|---|---|---|---|---|---|---|---|
| | | | | | | | | | | | ¥ | 3 | 0 | 0 | 0 | 0 | 0 | 0 |

| 款项内容 | 商业承兑汇票款 | 托收凭据名称 | 商业承兑汇票 | 附寄单证张数 | |
|---|---|---|---|---|---|
| 商品发运情况 | | 已发运 | | 合同名称号码 | 0T0040201 |

备注：　　　　款项收妥日期：

复核　　记账　　　　2019 年 11 月 10 日　　　　收款人开户银行签章

（中国建设银行股份有限公司　惠州仲恺支行　2019.11.10　办讫章 (4)）

此联作收款人开户银行给收款人的收账通知

---

（16）11 月 10 日，向广东福林科技有限公司采购 DFG 电路板一批，收到增值税专用发票，DFG 电路板暂未收到，款项已付，如下所示。

### 广东增值税专用发票

4401283233　　　　发票联　　　　No 214263112　　开票日期：2019 年 11 月 10 日

| 购买方 | 名　称：广东桥心电器有限公司 纳税人识别号：440703256268024 地址、电话：惠州市仲恺大道 248 号 88327589 开户行及账号：惠州市建行仲恺支行 71682674052 | 密码区 | （略） |
|---|---|---|---|

| 货物或应税劳务、服务名称 | 规格型号 | 单位 | 数量 | 单价 | 金额 | 税率 | 税额 |
|---|---|---|---|---|---|---|---|
| *印制电路板*DFG 电路板 | | 块 | 3 000 | 48.00 | 144 000.00 | 13% | 18 720.00 |
| 合　　计 | | | | | ¥144 000.00 | | ¥18 720.00 |

| 价税合计（大写） | ⊗壹拾陆万贰仟柒佰贰拾圆整 | （小写）¥162 720.00 |
|---|---|---|

| 销售方 | 名　称：广东福林科技有限公司 纳税人识别号：440105307268034 地址、电话：广州市芳村大道 52 号 83682585 开户行及账号：广州工行芳村支行 12629413054 | 备注 | （广东福林科技有限公司 440105307268034 发票专用章） |
|---|---|---|---|

收款人：廖小彬　　复核：　　开票人：陈祁林　　销售方:(章)

第三联：发票联　购买方记账凭证

## 电汇凭证(回单) 1　　No 016543201

第 021301 号　　　　　　　　　　　　委托日期　　年　月　日

| 汇款人 | 全　称 | | | 收款人 | 全　称 | | |
| --- | --- | --- | --- | --- | --- | --- | --- |
| | 账号或住址 | | | | 账号或住址 | | |
| | 汇出地点 | | 汇出行名称 | | 汇入地点 | | 汇入行名称 |
| 金额 | 人民币(大写) | | | | | 千百十万千百十元角分 | |
| 汇款用途： | | | | | | | |
| 上列款项已根据委托办理，如需查询，请持此回单来行面谈 | | | | | | | |

（中国建设银行股份有限公司 惠州仲恺支行 2019.11.10 办讫章(2) 汇出行盖章）

此联为汇款人汇款回单

(17) 11 月 10 日，购入修理用工具一套，已交付生产车间使用，采用一次摊销法摊销其成本，如下所示。

**4407283268**

### 广东增值税专用发票　　No 036263012

发票联　　开票日期：2019 年 11 月 10 日

| 购买方 | 名　称 | 广东桥心电器有限公司 | | | 密码区 | | (略) | | |
| --- | --- | --- | --- | --- | --- | --- | --- | --- | --- |
| | 纳税人识别号： | 440703256268024 | | | | | | | |
| | 地　址、电话 | 惠州市仲恺大道 248 号 88327589 | | | | | | | |
| | 开户行及账号： | 惠州市建行仲恺支行 71682674052 | | | | | | | |
| 货物或应税劳务、服务名称 | 规格型号 | 单位 | 数量 | 单价 | | 金额 | 税率 | 税额 | |
| *通用设备*工具 | | 套 | 1 | 600.00 | | 600.00 | 13% | 78.00 | |
| 合　　计 | | | | | | ￥600.00 | | ￥78.00 | |
| 价税合计(大写) | ⊗陆佰柒拾捌圆整 | | | | | (小写)￥678.00 | | | |
| 销售方 | 名　称 | 惠州云山工具有限公司 | | | 备注 | 惠州云山工具有限公司 440734307268127 发票专用章 | | | |
| | 纳税人识别号： | 440734307268127 | | | | | | | |
| | 地　址、电话 | 惠州市云山西路 32 号 83542578 | | | | | | | |
| | 开户行及账号： | 惠州工行云山支行 71429413986 | | | | | | | |

收款人：　　　　复核：　　　　开票人：李广林　　　　销售方：(章)

第三联：发票联　购买方记账凭证

### 低值易耗品入库单

用途：生产车间用　　　2019 年 11 月 10 日　　　No：00101

| 名称及规格 | 单位 | 应收数量 | 实收数量 | 单价 | 金额(元) |
| --- | --- | --- | --- | --- | --- |
| 修理工具 | 套 | 1 | 1 | 600.00 | 600.00 |
| | | | | | |

仓库主管：陈德明　　　　验收：李怡华　　　　保管员：朱永材

## 三、经济业务

### 中国建设银行支票存根(粤)

GS 01034102

附加信息 _____
_____

出票日期　年　月　日

| 收款人： |
| 金　额： |
| 用　途： |

单位主管　　　会计

付款期限自出票之日起十天

### 中国建设银行支票(粤)

GS 01034102

出票日期(大写)　年　月　日　　付款行名称：_____

收款人：_____　　出票人账号：_____

人民币（大写）

| 千 | 百 | 十 | 万 | 千 | 百 | 十 | 元 | 角 | 分 |
|---|---|---|---|---|---|---|---|---|---|
| | | | | | | | | | |

用途：_____　　　密码 _____

上列款项请从我账户内支付　　行号 _____

出票人签章　　【广东桥心电器有限公司财务专用章】　【陈乔欣】

复核　　　　记账

（粘贴单处）

附加信息：

| 被背书人 | 被背书人 |
|---|---|
| | |
| 背书人签章 | 背书人签章 |
| 年　月　日 | 年　月　日 |

根据《中华人民共和国票据法》等法律法规的规定，签发空头支票由中国人民银行处以票面金额 5% 但不低于 1 000元的罚款。

### 低值易耗品出库单

用途：生产车间用　　　2019年11月10日　　　No：10201

| 名称及规格 | 单　位 | 请领数量 | 实发数量 | 单　价 | 金额(元) |
|---|---|---|---|---|---|
| 修理工具 | 套 | 1 | 1 | 600.00 | 600.00 |
| | | | | | |

仓库主管：陈德明　　　验收：李怡华　　　保管员：朱永材

(18) 11月10日，收到银行转来收账通知，系上海西楚电器有限公司的销售货款，如下所示。

### 电汇凭证(收账通知)　4　No 003245226

第021086号　　　　　　　　　委托日期　2019年11月10日

| 汇款人 | 全　称 | 上海西楚电器有限公司 | 收款人 | 全　称 | 广东桥心电器有限公司 |
|---|---|---|---|---|---|
| | 账号或住址 | 98346469287 | | 账号或住址 | 71682674052 |
| | 汇出地点 | 上海浦东 | 汇出行名称 | 浦发银行申江支行 | 汇入地点 | 广东惠州 | 汇入行名称 | 建行仲恺支行 |

| 金额 | 人民币（大写） | 叁拾贰万陆仟壹佰壹拾捌元整 | 千 | 百 | 十 | 万 | 千 | 百 | 十 | 元 | 角 | 分 |
|---|---|---|---|---|---|---|---|---|---|---|---|---|
| | | | | | ￥3 | 2 | 6 | 1 | 1 | 8 | 0 | 0 |

汇款用途：支付货款

上列款项已根据委托办理，如需查询，请持此回单来行面谈

【中国建设银行股份有限公司惠州仲恺支行 2019.11.10 办讫章(2)（汇入行盖章）】

此联为收款人收账通知

(19) 11月13日,收到10日向广东福林科技有限公司采购的3 000块DFG电路板,验收合格入库,如下所示。

## 收 料 单

2019年11月13日　　　　　　　　　　收字第1104号

| 材料名称 | 规格型号 | 单位 | 应收数量 | 实收数量 | 金额(元) |
|---|---|---|---|---|---|
| DFG电路板 |  | 块 | 3 000 | 3 000 | 144 000.00 |
|  |  |  |  |  |  |

仓库主管:陈德明　　　　　　　验收:李怡华　　　　　　　收料:朱永材

(20) 11月13日,以现金报销管理部门用汽车的修理费用,如下所示。

4407879344　　　　　　　**广东增值税专用发票**　　　　　　　No 231128121

发 票 联　　　　　　　　开票日期:2019年11月13日

| 购买方 | 名　　　称:广东桥心电器有限公司<br>纳税人识别号:440703256268024<br>地 址 、电 话:惠州市仲恺大道248号88327589<br>开户行及账号:惠州市建行仲恺支行71682674052 | 密码区 | (略) |
|---|---|---|---|

| 货物或应税劳务、服务名称 | 规格型号 | 单位 | 数量 | 单价 | 金额 | 税率 | 税额 |
|---|---|---|---|---|---|---|---|
| *劳务*修理费 |  |  |  | 600.00 | 600.00 | 13% | 78.00 |
| 合　　计 |  |  |  |  | ¥600.00 |  | ¥78.00 |

| 价税合计(大写) | ⊗陆佰柒拾捌圆整 | (小写)¥678.00 |
|---|---|---|

| 销售方 | 名　　　称:惠州精益汽车修理公司<br>纳税人识别号:440706861357029<br>地 址 、电 话:惠州市仲恺大道93号68789999<br>开户行及账号:中行仲恺支行71632161464 | 备注 | 惠州精益汽车修理公司<br>440706861357029<br>发票专用章 |
|---|---|---|---|

第三联:发票联　购买方记账凭证

收款人:黄智林　　　　复核:　　　　开票人:王晓蓉　　　　销售方:(章)

## 费 用 报 销 单

2019年11月13日

| 报销部门 | 管理部门 | 报销人 | 陈瑞明 |
|---|---|---|---|
| 费用项目 | 单据张数 | 金额(元) | 备注 |
| 汽车修理费 | 1 | 678.00 | 现金付讫 |
|  |  |  |  |
| 合计 |  | ¥678.00 |  |
| 金额(大写)人民币陆佰柒拾捌元整 | | | |
| 单位领导审批:同意　　　　陈乔欣 | | 部门主管审批:同意　　　　聂源珍 | |

会计主管:何建明　　　　复核:杨晓梅　　　　出纳:谢惠新

(21) 11月13日,领用材料,投入4 000只电热壶、1 000只电饭锅生产,如下所示。

## 领 料 单

用途：生产电热壶　　　　　　　2019 年 11 月 13 日　　　　　　　领字第 01103 号

| 材料名称 | 规格型号 | 单位 | 请领数量 | 实发数量 | 金额(元) |
|---|---|---|---|---|---|
| HDP 钢板 | | 千克 | 800 | 800 | |
| SEP 塑料 | | 千克 | 800 | 800 | |
| DRH 电路板 | | 块 | 4 000 | 4 000 | |

仓库主管：陈德明　　　复核：杨晓梅　　　发料：朱永材　　　制单：梁晓芳

## 领 料 单

用途：生产电饭锅　　　　　　　2019 年 11 月 13 日　　　　　　　领字第 01104 号

| 材料名称 | 规格型号 | 单位 | 请领数量 | 实发数量 | 金额(元) |
|---|---|---|---|---|---|
| HDP 钢板 | | 千克 | 600 | 600 | |
| SEP 塑料 | | 千克 | 600 | 600 | |
| DFG 电路板 | | 块 | 1 000 | 1 000 | |

仓库主管：陈德明　　　复核：杨晓梅　　　发料：朱永材　　　制单：梁晓芳

（22）11 月 13 日，向惠州民生医药有限公司购买公司卫生室所需药品，如下所示。

### 广东增值税专用发票

4407876398　　　　　　　发 票 联　　　　　　　No 296128361

开票日期：2019 年 11 月 13 日

| 购买方 | 名　称：广东桥心电器有限公司<br>纳税人识别号：440703256268024<br>地　址、电　话：惠州市仲恺大道 248 号 88327589<br>开户行及账号：惠州市建行仲恺支行 71682674052 | 密码区 | （略） |
|---|---|---|---|

| 货物或应税劳务、服务名称 | 规格型号 | 单位 | 数量 | 单价 | 金额 | 税率 | 税额 |
|---|---|---|---|---|---|---|---|
| *医药产品*药品 | | | | | 3 000.00 | 13% | 390.00 |
| 合　计 | | | | | ￥3 000.00 | | ￥390.00 |

| 价税合计（大写） | ⊗叁仟叁佰玖拾圆整　　　　　　　（小写）￥3 390.00 |
|---|---|

| 销售方 | 名　称：惠州民生医药有限公司<br>纳税人识别号：440716561352396<br>地　址、电　话：惠州市仲恺大道 180 号 68988686<br>开户行及账号：建行仲恺支行 71682161987 | 备注 | （惠州民生医药有限公司<br>440716561352396<br>发票专用章） |
|---|---|---|---|

收款人：　　　复核：　　　开票人：杨柳英　　　销售方：(章)

第三联：发票联　购买方记账凭证

---

### 中国建设银行支票存根(粤)

GS 01034103

附加信息　_____

_____

出票日期　年　月　日

收款人：_____

金　额：_____

用　途：_____

单位主管　　　会计

### 中国建设银行支票(粤)　　GS 01034103

出票日期(大写)　年　月　日　　付款行名称：

收款人：_____　　出票人账号：

人民币（大写）　| 千 | 百 | 十 | 万 | 千 | 百 | 十 | 元 | 角 | 分 |

用途：_____　　密码_____

上列款项请从我账户内支付　　行号_____

出票人签章：（广东桥心电器有限公司财务专用章）　　陈乔欣

付款期限自出票之日起十天　　复核　　记账

| 附加信息： | 被背书人 | 被背书人 | （粘贴单处） | 根据《中华人民共和国票据法》等法律法规的规定，签发空头支票由中国人民银行处以票面金额5‰但不低于1 000元的罚款。 |
|---|---|---|---|---|
|  | 背书人签章<br>年 月 日 | 背书人签章<br>年 月 日 |  |  |

（23）11月13日，向广东新怡塑料有限公司采购SEP塑料一批，收到增值税专用发票，款项已付，SEP塑料验收合格入库，如下所示。

**广东增值税专用发票**  No 341062562

4406541741

发票联   开票日期：2019年11月13日

| 购买方 | 名　　　称：广东桥心电器有限公司<br>纳税人识别号：440703256268024<br>地　址、电　话：惠州市仲恺大道248号 88327589<br>开户行及账号：惠州市建行仲恺支行 71682674052 | 密码区 | （略） |
|---|---|---|---|

| 货物或应税劳务、服务名称 | 规格型号 | 单位 | 数量 | 单价 | 金额 | 税率 | 税额 |
|---|---|---|---|---|---|---|---|
| *塑料制品*SEP塑料 |  | 千克 | 3 000 | 12.00 | 36 000.00 | 13% | 4 680.00 |
| 合　　计 |  |  |  |  | ￥36 000.00 |  | ￥4 680.00 |

| 价税合计（大写） | ⊗肆万零陆佰捌拾圆整 | （小写）￥40 680.00 |
|---|---|---|

| 销售方 | 名　　　称：广东新怡塑料有限公司<br>纳税人识别号：440703285268026<br>地　址、电　话：惠州市仲恺大道19号 89937587<br>开户行及账号：惠州工行仲恺支行 71606913123 | 备注 | （广东新怡塑料有限公司<br>440703285268026<br>发票专用章） |
|---|---|---|---|

收款人：张泽林　　复核：李立华　　开票人：陈红娜　　销售方：（章）

## 收 料 单

2019年11月13日　　　　　　　　　　　收字第1105号

| 材料名称 | 规格型号 | 单　位 | 应收数量 | 实收数量 | 金额（元） |
|---|---|---|---|---|---|
| SEP塑料 |  | 千克 | 3 000 | 3 000 | 36 000.00 |
|  |  |  |  |  |  |

仓库主管：陈德明　　　　　　验收：李怡华　　　　　　收料：朱永材

| 中国建设银行支票存根(粤)<br>GS 01034104<br>附加信息_____<br>_____<br>_____<br>出票日期　年　月　日<br>收款人：<br>金　额：<br>用　途：<br>单位主管　　会计 | 付款期限自出票之日起十天 | 中国建设银行支票(粤)<br>出票日期（大写）　年　月　日　　付款行名称：<br>收款人：<br>人民币<br>（大写）<br>用途_____<br>上列款项请从<br>我账户内支付<br>出票人签章<br>（广东桥心电器有限公司财务专用章） | GS 01034104<br>出票人账号：<br>千百十万千百十元角分<br>密码_____<br>行号_____<br>（陈乔欣）<br>复核　　记账 |
|---|---|---|---|

## 三、经济业务

| 附加信息： | 被背书人 | 被背书人 | （粘贴单处） | 根据《中华人民共和国票据法》等法律法规的规定,签发空头支票由中国人民银行处以票面金额5%但不低于1 000元的罚款。 |
|---|---|---|---|---|
| | 背书人签章<br>年 月 日 | 背书人签章<br>年 月 日 | | |

（24）11月14日,根据合同向佛山海纳电器有限公司销售电热壶2 000只,单价62元,开出增值税专用发票,并办妥托收手续,如下所示。

**4601041141** 　　广东增值税专用发票　　No 031131103

发票联　　开票日期：　年　月　日

| 购买方 | 名　称：<br>纳税人识别号：<br>地　址、电话：<br>开户行及账号： | | | | 密码区 | | （略） | | |
|---|---|---|---|---|---|---|---|---|---|
| 货物或应税劳务、服务名称 | 规格型号 | 单位 | 数量 | 单价 | | 金额 | | 税率 | 税额 |
| 合　　计 | | | | | | | | | |
| 价税合计(大写) | ⊗ | | | | | | （小写） | | |
| 销售方 | 名　称：<br>纳税人识别号：<br>地　址、电话：<br>开户行及账号： | | | | 备注 | | | | |

收款人：　　　复核:杨晓梅　　　开票人:王耀林　　　销售方:(章)

第三联：发票联　购买方记账凭证

**4601041141** 　　广东增值税专用发票　　No 031131103

此联不作报销、扣税凭证使用　　开票日期：　年　月　日

| 购买方 | 名　称：<br>纳税人识别号：<br>地　址、电话：<br>开户行及账号： | | | | 密码区 | | （略） | | |
|---|---|---|---|---|---|---|---|---|---|
| 货物或应税劳务、服务名称 | 规格型号 | 单位 | 数量 | 单价 | | 金额 | | 税率 | 税额 |
| 合　　计 | | | | | | | | | |
| 价税合计(大写) | ⊗ | | | | | | （小写） | | |
| 销售方 | 名　称：<br>纳税人识别号：<br>地　址、电话：<br>开户行及账号： | | | | 备注 | | | | |

收款人：　　　复核:杨晓梅　　　开票人:王耀林　　　销售方:(章)

第一联：记账联　销售方记账凭证

## 产品出库单

2019 年 11 月 14 日　　　　　　　　　　　第 01103 号

| 产品名称 | 规　格 | 型　号 | 单　位 | 数　量 | 单位成本 | 金额(元) |
|---|---|---|---|---|---|---|
| 电热壶 |  |  | 只 | 2 000 |  |  |
|  |  |  |  |  |  |  |

仓库主管:陈德明　　　复核:杨晓梅　　　发货:朱永材　　　制单:梁晓芳

## 托收凭证(受理回单)　1

委托日期：　　年　月　日

| | | 业务类型 | 委托收款(□邮划、□电划)　　托收承付(□邮划、☑电划) | | | | | | | | | | | | | |
|---|---|---|---|---|---|---|---|---|---|---|---|---|---|---|---|---|
| 付款人 | 全　称 | | | 收款人 | 全　称 | | | | | | | | | | | 此联作收款人开户银行给收款人的受理回单 |
| | 账　号 | | | | 账　号 | | | | | | | | | | | |
| | 地　址 | 市县 | 开户行 | | 地　址 | 市县 | 开户行 | | | | | | | | | |
| 金额 | 人民币(大写) | | | | | 亿 | 千 | 百 | 十 | 万 | 千 | 百 | 十 | 元 | 角 | 分 |
| 款项内容 | | | 托收凭据名　称 | | | 附寄单证张数 | | | | | | | | | | |
| 商品发运情况 | | | | | | 合同名称号码 | | HN00100142 | | | | | | | | |
| 备注: | | | 款项收妥日期: | | | | | | | | | | | | | |
| | | 复核　记账 | | | | 年　月　日 | | 收款人开户银行签章 | | | | | | | | |

中国建设银行股份有限公司
惠州仲恺支行
2019.11.14
办讫章
(4)

(25) 11月15日，上缴10月未交增值税及附加税费以及预缴企业所得税，如下所示。

## 惠州市电子缴税系统回单

纳税人名称:广东桥心电器有限公司　　　　　　　纳税人编号:440703256268024

| 付款人名称 | 广东桥心电器有限公司 | 收款人名称 | 惠州市税务局 |
|---|---|---|---|
| 付款人账号 | 71682674052 | 收款人账号 | 71693665075 |
| 付款人开户行 | 惠州市建行仲恺支行 | 收款人开户行 | 国家金库惠州支库 |
| 款项内容 | 代扣(国税)税款 | 电子税票号 | 013262856 |
| 税种 | 所属期 | 纳税金额 | 备注 |
| 增值税 | 2019.10.01～2019.10.31 | 81 363.38 | 中国建设银行股份有限公司 惠州仲恺支行 2019.11.15 办讫章 (2) |
| 合　计 | — | ¥81 363.38 | |
| 人民币(大写) 捌万壹仟叁佰陆拾叁元叁角捌分 | | | |

经办:　　　　　　复核:　　　　　　　　　　打印日期:2019.11.15

## 惠州市电子缴税系统回单

**纳税人名称:** 广东桥心电器有限公司　　　　　　　　　　　　　　**纳税人编号:** 440703256268024

| 付款人名称 | 广东桥心电器有限公司 | 收款人名称 | 惠州市税务局 |
|---|---|---|---|
| 付款人账号 | 71682674052 | 收款人账号 | 71682165072 |
| 付款人开户行 | 惠州市建行仲恺支行 | 收款人开户行 | 国家金库惠州支库 |
| 款项内容 | 代扣(地税)税款 | 电子税票号 | 013262872 |
| 税种 | 所属期 | 纳税金额 | 备注 |
| 城市维护建设税 | 2019.10.01~2019.10.31 | 5 695.44 | 中国建设银行股份有限公司 惠州仲恺支行 2019.11.15 办讫章(2) |
| 教育费附加 | 2019.10.01~2019.10.31 | 2 440.90 | |
| 地方教育费附加 | 2019.10.01~2019.10.31 | 1 627.27 | |
| 堤围防护费 | 2019.10.01~2019.10.31 | 811.89 | |
| 印花税 | 2019.10.01~2019.10.31 | 338.29 | |
| 个人所得税 | 2019.10.01~2019.10.31 | 1 246.60 | |
| 合　　计 | — | ￥12 160.39 | |
| 人民币(大写) 壹万贰仟壹佰陆拾叁元叁角玖分 | | | |

经办:　　　　　　复核:　　　　　　　　　　　　　　　　　　打印日期:2019.11.15

## 惠州市电子缴税系统回单

**纳税人名称:** 广东桥心电器有限公司　　　　　　　　　　　　　　**纳税人编号:** 440703256268024

| 付款人名称 | 广东桥心电器有限公司 | 收款人名称 | 惠州市税务局 |
|---|---|---|---|
| 付款人账号 | 71682674052 | 收款人账号 | 71693665075 |
| 付款人开户行 | 惠州市建行仲恺支行 | 收款人开户行 | 国家金库惠州支库 |
| 款项内容 | 代扣(国税)税款 | 电子税票号 | 013262857 |
| 税种 | 所属期 | 纳税金额 | 备注 |
| 企业所得税 | 2019.10.01~2019.10.31 | 29 605.47 | 中国建设银行股份有限公司 惠州仲恺支行 2019.11.15 办讫章(2) |
| | | | |
| | | | |
| 合　　计 | — | ￥29 605.47 | |
| 人民币(大写) 贰万玖仟陆佰零伍元肆角柒分 | | | |

经办:　　　　　　复核:　　　　　　　　　　　　　　　　　　打印日期:2019.11.15

(26) 11月15日,电热壶5 000只、电饭锅1 500只完工,验收合格入库,如下所示。

## 产成品入库单

2019年11月15日　　　　　　　　　　　　　　　　　　　　　　收字第1102号

| 产品名称 | 规格型号 | 单　位 | 应收数量 | 实收数量 | 金额(元) |
|---|---|---|---|---|---|
| 电热壶 | | 只 | 5 000 | 5 000 | |
| 电饭锅 | | 只 | 1 500 | 1 500 | |

仓库主管:陈德明　　　复核:朱永材　　　验收:李怡华　　　制单:梁晓芳

三、经济业务

(27) 11月16日,收到佛山海纳电器有限公司支付的本月14日的货款,如下所示。

## 托收凭证(收账通知) 4

委托日期：  年 月 日　　付款期限　年 月 日

| | 业务类型 | 委托收款(□邮划、□电划) | | 托收承付(□邮划、☑电划) | | |
|---|---|---|---|---|---|---|
| 付款人 | 全　称 | | 收款人 | 全　称 | | |
| | 账　号 | | | 账　号 | | |
| | 地　址 | 省　市县　开户行 | | 地　址 | 省　市县　开户行 | |

| 金额 | 人民币(大写) | | 亿千百十万千百十元角分 |
|---|---|---|---|

| 款项内容 | | 托收凭据名称 | | 附寄单证张数 | |
|---|---|---|---|---|---|
| 商品发运情况 | | | | 合同名称号码 | HN00100142 |
| 备注： | | 款项收妥日期： | | | |

中国建设银行股份有限公司
惠州仲恺支行
2019.11.16
办讫章
(4)

复核　记账　　　　　　　　年 月 日　　收款人开户银行签章

此联作收款人开户银行给收款人的收账通知

(28) 11月17日,购买黑水笔、笔记本、复印纸等办公用品,交销售部门使用,如下所示。

4417641746

## 广东增值税普通发票

发票联

No 364261781

开票日期：2019年11月17日

| 购买方 | 名　　称：广东桥心电器有限公司 | 密码区 | (略) |
|---|---|---|---|
| | 纳税人识别号：440703256268024 | | |
| | 地址、电话：惠州市仲恺大道248号 88327589 | | |
| | 开户行及账号：惠州市建行仲恺支行 71682674052 | | |

| 货物或应税劳务、服务名称 | 规格型号 | 单位 | 数量 | 单价 | 金额 | 税率 | 税额 |
|---|---|---|---|---|---|---|---|
| *文具产品*黑水笔 | | 支 | 50 | 1.941 7 | 97.087 | 3% | 2.913 |
| *文具产品*笔记本 | | 本 | 25 | 3.883 5 | 97.087 | 3% | 2.913 |
| *纸制品*复印纸 | | 包 | 40 | 19.417 5 | 776.699 | 3% | 23.301 |
| *计算机配套产品*硒鼓 | | 个 | 10 | 77.669 9 | 776.699 | 3% | 23.301 |
| 合　　计 | | | | | ¥1 747.57 | | ¥52.43 |

| 价税合计(大写) | ⊗壹仟捌佰圆整 | (小写)¥1 800.00 |
|---|---|---|

| 销售方 | 名　　称：惠州新新文化用品公司 | 备注 | 惠州新新文化用品公司 |
|---|---|---|---|
| | 纳税人识别号：440703443246024 | | 440703443246024 |
| | 地址、电话：惠州市新联路96号 86669852 | | 发票专用章 |
| | 开户行及账号：惠州建行新联支行 71987313156 | | |

收款人：肖联新　　复核：　　开票人：肖联新　　销售方：(章)

第二联：发票联 购买方记账凭证

## 三、经济业务

| 中国建设银行支票存根（粤） | 中国建设银行支票（粤） | GS 01034105 |
|---|---|---|
| GS 01034105 | 出票日期（大写） 年 月 日　付款行名称： | |
| 附加信息＿＿＿＿＿＿＿ | 收款人： 出票人账号： | |
| ＿＿＿＿＿＿＿＿＿＿＿ | 人民币（大写） 千百十万千百十元角分 | |
| 出票日期 年 月 日 | 用途＿＿＿＿ 密码＿＿＿＿＿＿＿ | |
| 收款人： | 上列款项请从我账户内支付 广东桥心电器有限公司 行号＿＿＿＿＿＿＿ | |
| 金　额： | 出票人签章 财务专用章 陈乔欣 | |
| 用　途： | 复核　记账 | |
| 单位主管　会计 | | |

附加信息：

被背书人　　　　　被背书人

（粘贴单处）

背书人签章　　　背书人签章
年 月 日　　　年 月 日

根据《中华人民共和国票据法》等法律法规的规定，签发空头支票由中国人民银行处以票面金额5%但不低于1 000元的罚款。

（29）11月20日，为拓展产品销售，支付客户招待餐饮费，以银行存款支付，如下所示。

4617641258　　广东增值税专用发票　　No 363242816
发票联　　开票日期：2019 年 11 月 20 日

| 购买方 | 名　称：广东桥心电器有限公司 纳税人识别号：440703256268024 地址、电话：惠州市仲恺大道248号 88327589 开户行及账号：惠州市建行仲恺支行 71682674052 | 密码区 | （略） | | |
|---|---|---|---|---|---|
| 货物或应税劳务、服务名称 | 规格型号　单位　数量　单价 | 金额 | 税率 | 税额 | |
| *餐饮服务*餐费 | | 1 600.00 | 6% | 96.00 | |
| 合　计 | | ￥1 600.00 | | ￥96.00 | |
| 价税合计（大写） | ⊗壹仟陆佰玖拾陆圆整 | （小写）￥1 696.00 | | | |
| 销售方 | 名　称：惠州福乐酒店有限公司 纳税人识别号：440761705268028 地址、电话：惠州市金榜路88号 88869999 开户行及账号：惠州工行金榜支行 71654313963 | 备注 |  | | |

收款人：　　复核：　　开票人：秦丽芬　　销售方：（章）

## 三、经济业务

### 中国建设银行支票存根（粤）

GS 01034106

附加信息＿＿＿＿＿＿＿＿
＿＿＿＿＿＿＿＿＿＿＿＿
＿＿＿＿＿＿＿＿＿＿＿＿

出票日期　　年　月　日

| 收款人： |
| 金　额： |
| 用　途： |

单位主管　　　会计

### 中国建设银行支票（粤）

GS 01034106

出票日期（大写）　　年　月　日　　付款行名称：＿＿＿＿＿

收款人：＿＿＿＿＿＿＿　　出票人账号：＿＿＿＿＿

| 人民币 | 千 | 百 | 十 | 万 | 千 | 百 | 十 | 元 | 角 | 分 |
| （大写） | | | | | | | | | | |

用途＿＿＿＿＿＿　　密码＿＿＿＿＿＿＿

上列款项请从　[广东桥心电器有限公司财务专用章]　　行号＿＿＿＿＿＿

我账户内支付　　　　　　　　　　[陈乔欣]

出票人签章　　　　　　　　　　复核　　　记账

付款期限自出票之日起十天

附加信息：

| 被背书人 | 被背书人 |
| | |
| | |
| | |
| | |
| 背书人签章 | 背书人签章 |
| 年　月　日 | 年　月　日 |

（粘贴单处）

根据《中华人民共和国票据法》等法律法规的规定，签发空头支票由中国人民银行处以票面金额 5% 但不低于 1 000 元的罚款。

（30）11 月 20 日，向广东利源电子有限公司采购 DRH 电路板一批，收到增值税专用发票，款项未付，DRH 电路板验收合格入库，如下所示。

4407541253

**广东增值税专用发票**

发票联

No 346073268

开票日期：2019 年 11 月 20 日

| 购买方 | 名　　称：广东桥心电器有限公司 | 密码区 | （略） |
| | 纳税人识别号：440703256268024 | | |
| | 地　址、电　话：惠州市仲恺大道 248 号 88327589 | | |
| | 开户行及账号：惠州市建行仲恺支行 71682674052 | | |

| 货物或应税劳务、服务名称 | 规格型号 | 单位 | 数量 | 单价 | 金额 | 税率 | 税额 |
|---|---|---|---|---|---|---|---|
| *印制电路板*DRH 电路板 | | 块 | 8 000 | 11.50 | 92 000.00 | 13% | 11 960.00 |
| 合　　计 | | | | | ￥92 000.00 | | ￥11 960.00 |

| 价税合计（大写） | ⊗壹拾万叁仟玖佰陆拾圆整 | （小写）￥103 960.00 |

| 销售方 | 名　　称：广东利源电子有限公司 | 备注 | [广东利源电子有限公司 440702498268020 发票专用章] |
| | 纳税人识别号：440702498268020 | | |
| | 地　址、电　话：惠州市金山大道 120 号 86682584 | | |
| | 开户行及账号：惠州农行金山支行 71682543357 | | |

收款人：　　　复核：　　　开票人：郑志源　　　销售方：(章)

第三联：发票联　购买方记账凭证

## 收 料 单

2019 年 11 月 20 日　　　　　　　　　收字第 1106 号

| 材料名称 | 规格型号 | 单位 | 应收数量 | 实收数量 | 金额(元) |
|---|---|---|---|---|---|
| DRH 电路板 | | 块 | 8 000 | 8 000 | 92 000.00 |
| | | | | | |

仓库主管：陈德明　　　　　验收：李怡华　　　　　收料：朱永材

（31）11 月 20 日，根据合同向深圳佳缘电器有限公司销售电热壶 1 600 只，单价 62 元，开出增值税专用发票，货款已收到，如下所示。

**广东增值税专用发票**

4601041141　　　　　　　发票联　　　　　　　No 031131104

开票日期：　年　月　日

| 购买方 | 名　称： | | 密码区 | (略) | | |
|---|---|---|---|---|---|---|
| | 纳税人识别号： | | | | | |
| | 地　址、电话： | | | | | |
| | 开户行及账号： | | | | | |

| 货物或应税劳务、服务名称 | 规格型号 | 单位 | 数量 | 单价 | 金额 | 税率 | 税额 |
|---|---|---|---|---|---|---|---|
| | | | | | | | |
| 合　　计 | | | | | | | |

| 价税合计(大写) | ⊗ | | | (小写) |
|---|---|---|---|---|

| 销售方 | 名　称： | 备注 | 广东桥心电器有限公司 440703256268024 发票专用章 |
|---|---|---|---|
| | 纳税人识别号： | | |
| | 地　址、电话： | | |
| | 开户行及账号： | | |

收款人：　　　复核：杨晓梅　　　开票人：王耀林　　　销售方：(章)

**广东增值税专用发票**

4601041141　　　此联不作报销、扣税凭证使用　　　No 031131104

开票日期：　年　月　日

| 购买方 | 名　称： | | 密码区 | (略) | | |
|---|---|---|---|---|---|---|
| | 纳税人识别号： | | | | | |
| | 地　址、电话： | | | | | |
| | 开户行及账号： | | | | | |

| 货物或应税劳务、服务名称 | 规格型号 | 单位 | 数量 | 单价 | 金额 | 税率 | 税额 |
|---|---|---|---|---|---|---|---|
| | | | | | | | |
| 合　　计 | | | | | | | |

| 价税合计(大写) | ⊗ | | | (小写) |
|---|---|---|---|---|

| 销售方 | 名　称： | 备注 | |
|---|---|---|---|
| | 纳税人识别号： | | |
| | 地　址、电话： | | |
| | 开户行及账号： | | |

收款人：　　　复核：杨晓梅　　　开票人：王耀林　　　销售方：(章)

## 三、经济业务

### 产品出库单

2019 年 11 月 20 日　　　　　　　　　第 01104 号

| 产品名称 | 规 格 | 型 号 | 单位 | 数量 | 单位成本 | 金额(元) |
|---|---|---|---|---|---|---|
| 电热壶 | | | 只 | 1 600 | | |
| | | | | | | |

仓库主管:陈德明　　　复核:杨晓梅　　　发货:朱永材　　　制单:梁晓芳

### 电汇凭证(收账通知)　　4　　No 006845221

第 041086 号　　　　　　　　委托日期　2019 年 11 月 20 日

| 汇款人 | 全 称 | 深圳佳缘电器有限公司 | | | 收款人 | 全 称 | 广东桥心电器有限公司 | | |
|---|---|---|---|---|---|---|---|---|---|
| | 账 号或住址 | 21934783058 | | | | 账 号或住址 | 71682674052 | | |
| | 汇出地点 | 广东深圳 | 汇出行名称 | 工行怡景支行 | | 汇入地点 | 广东惠州 | 汇入行名称 | 建行仲恺支行 |
| 金额 | 人民币(大写) | 壹拾壹万贰仟零玖拾陆元整 | | | | | ¥ 112096.00 | | |

汇款用途:支付货款

上列款项已根据委托办理,如需查询,请持此回单来行面谈

（汇入行盖章）中国建设银行股份有限公司 惠州仲恺支行 2019.11.20

此联为收款人收账通知

---

(32) 11 月 20 日,向上海西楚电器有限公司销售电热壶 1 800 只,每只 72.6 元;电饭锅 600 只,每只 184.8 元,如下所示。

### 广东增值税专用发票

4601041141　　　　　　　发票联　　　　　　　No 031131105

开票日期:　　年　月　日

| 购买方 | 名　称: |
| | 纳税人识别号: |
| | 地址、电话: |
| | 开户行及账号: |

密码区　　（略）

| 货物或应税劳务、服务名称 | 规格型号 | 单位 | 数量 | 单价 | 金额 | 税率 | 税额 |
|---|---|---|---|---|---|---|---|
| | | | | | | | |
| 合　　计 | | | | | | | |

| 价税合计(大写) | ⊗ | （小写） |

| 销售方 | 名　称: |
| | 纳税人识别号: |
| | 地址、电话: |
| | 开户行及账号: |

备注：广东桥心电器有限公司 440703256268024 发票专用章

收款人:　　复核:杨晓梅　　开票人:王耀林　　销售方:(章)

第三联:发票联 购买方记账凭证

## 三、经济业务

**广东增值税专用发票**

4601041141　　　　　　　No 031131105

此联不作报销、扣税凭证使用　　开票日期：　年　月　日

| 购买方 | 名　　　称： | | | | | 密码区 | | （略） | | | 第一联：记账联 销售方记账凭证 |
|---|---|---|---|---|---|---|---|---|---|---|---|
| | 纳税人识别号： | | | | | | | | | | |
| | 地　址、电话： | | | | | | | | | | |
| | 开户行及账号： | | | | | | | | | | |
| 货物或应税劳务、服务名称 | | 规格型号 | 单位 | 数量 | 单价 | | 金额 | | 税率 | 税额 | |
| 合　　　计 | | | | | | | | | | | |
| 价税合计（大写） | | ⊗ | | | | | | （小写） | | | |
| 销售方 | 名　　　称： | | | | | 备注 | | | | | |
| | 纳税人识别号： | | | | | | | | | | |
| | 地　址、电话： | | | | | | | | | | |
| | 开户行及账号： | | | | | | | | | | |

收款人：　　　　复核：杨晓梅　　　　开票人：王耀林　　　　销售方：（章）

### 产品出库单

2019年11月20日　　　　　　　　　　　　　　　第01105号

| 产品名称 | 规格 | 型号 | 单位 | 数量 | 单位成本 | 金额（元） |
|---|---|---|---|---|---|---|
| 电热壶 | | | 只 | 1 800 | | |
| 电饭锅 | | | 只 | 600 | | |

仓库主管：陈德明　　复核：杨晓梅　　发货：朱永材　　制单：梁晓芳

（33）11月21日，银行代发上月工资，如下所示。

### 中国建设银行对公客户付款通知单

币别：人民币　　　　　2019年11月21日　　　　　交易种类：支付工资

| 付款人 | 全　称 | 广东桥心电器有限公司 | 收款人 | 全　称 | |
|---|---|---|---|---|---|
| | 账　号 | 71682674052 | | 账　号 | |
| | 开户行 | 建行仲恺支行 | | 开户行 | 中国建设银行股份有限公司 惠州仲恺支行 2019.11.21 办讫章(2) |
| 大写金额 | | （人民币）肆拾贰万陆仟零陆拾伍元玖角柒分 | | | ￥426 065.97 |
| | | 上述款项已从你单位存款账户71682674052支付。 | | | （银行盖章） |

会计主管：　　　　　复核：　　　　　记账：

### 工　资　清　单

2019年10月31日　　　　　　　　　　　　　　　　　　　单位：元

| 序号 | 姓名 | 账号 | 基本工资 | 奖金 | 津贴补贴 | 应付工资 | 养老/失业保险 | 医疗保险 | 住房公积金 | 个人所得税 | 实发工资 |
|---|---|---|---|---|---|---|---|---|---|---|---|
| 1 | 陈乔欣 | 71682162301 | 3 080.00 | 2 500.00 | 1 040.00 | 6 620.00 | 542.84 | 132.40 | 529.60 | 86.52 | 5 328.64 |
| 2 | 何建明 | 71682162302 | 2 970.00 | 2 300.00 | 840.00 | 6 110.00 | 501.02 | 122.20 | 488.80 | 44.94 | 4 953.04 |
| 3 | 杨晓梅 | 71682162303 | 2 950.00 | 2 280.00 | 830.00 | 6 060.00 | 496.92 | 121.20 | 484.80 | 43.71 | 4 913.37 |
| … | … | … | … | … | … | … | … | … | … | … | … |
| … | … | … | … | … | … | … | … | … | … | … | … |
| 合计 | — | — | … | … | … | 522 387.00 | 42 835.73 | 10 447.74 | 41 790.96 | 1 246.60 | 426 065.97 |

单位负责人：陈乔欣　　会计主管：何建明　　会计：杨晓梅　　制表：谢惠新

(34) 11月21日，缴纳上月的社会保险费和住房公积金，如下所示。

## 社会保险费电子转账凭证

日期：2019年11月21日　　　　　　凭证号：05669861

| 付款人 | 全称 | 广东桥心电器有限公司 | 收款人 | 全称 | 惠州市社会保险管理中心 |
|---|---|---|---|---|---|
| | 账号 | 71682674052 | | 账号 | 75016584625 |
| | 开户行 | 惠州市建行仲恺支行 | | 开户行 | 惠州市农行麦地支行 |
| | 行号 | | | 行号 | |
| 金额大写 | | 人民币壹拾玖万柒仟贰佰零壹元零玖分 | | | ¥197 201.09 |
| 摘要 | | 单位：养老/失业保险：98 208.76　　个人：养老/失业保险：42 835.73<br>医疗/工伤保险：45 708.86　　医疗保险：10 447.74 | | | |
| 备注 | | 1. 本凭证按《关于惠州市财政、税务、国库、银行实现计算机联网后有关票据使用问题的通知》（惠财库〔2001〕1296号）规定作为缴纳社保的会计核算凭证。<br>2. 本凭证一式两联，第一联作开户银行的记账凭证，第二联交缴费单位作记账凭证。 | | | |

复核：　　　　　　　　　　　记账：

第二联：缴费单位记账凭证

## 惠州市住房公积金汇缴书

2019年11月21日　　　　　　附变更清册　　页

| 单位名称 | 广东桥心电器有限公司 | | | 汇缴： | 10月 |
|---|---|---|---|---|---|
| 开户银行 | 惠州市建行仲恺支行 | 账号 | 71682674052 | 汇缴： | 98人 |
| 汇缴金额 | 人民币（大写）捌万叁仟伍佰捌拾壹元玖角贰分 | | | 千百十万千百十元角分<br>¥　　8 3 5 8 1 9 2 | |

| | 上次汇缴 | | 本次增加汇缴 | | 本次减少汇缴 | | 本次汇缴 | |
|---|---|---|---|---|---|---|---|---|
| | 人数 | 金额 | 人数 | 金额 | 人数 | 金额 | 人数 | 金额 |
| | 98 | 68 944.00 | | | | | 98 | 83 581.92 |

备注：
单位：住房公积金：41 790.96
个人：住房公积金：41 790.96

银行盖章

第一联：银行盖章后交缴款单位

(35) 11月21日，支付上月水电费，如下所示。

4417241743

## 广东增值税专用发票

发票联　　　　　　　　　No 221346251　　开票日期：2019年11月21日

| 购买方 | 名称：广东桥心电器有限公司<br>纳税人识别号：440703256268024<br>地址、电话：惠州市仲恺大道248号 88327589<br>开户行及账号：惠州市建行仲恺支行 71682674052 | 密码区 | （略） |
|---|---|---|---|

| 货物或应税劳务、服务名称 | 规格型号 | 单位 | 数量 | 单价 | 金额 | 税率 | 税额 |
|---|---|---|---|---|---|---|---|
| *供电*供电 | | 度 | 11 812 | 1.20 | 14 174.40 | 13% | 1 842.67 |
| 合计 | | | | | ¥14 174.40 | 13% | ¥1 842.67 |

| 价税合计（大写） | ⊗壹万陆仟零拾柒圆零柒分 | （小写）¥16 017.07 |
|---|---|---|

| 销售方 | 名称：广东电网惠州供电公司<br>纳税人识别号：440172867267836<br>地址、电话：惠州麦地南路42号 88683127<br>开户行及账号：工行麦地支行 78263674849 | 备注 | |
|---|---|---|---|

收款人：　　复核：　　开票人：谢德林　　销售方：（章）

第三联：发票联　购买方记账凭证

三、经济业务

### 中国建设银行对公客户付款通知单

币别：人民币　　　　2019 年 11 月 21 日　　　　交易种类：支付电费

| 付款人 | 全称 | 广东桥心电器有限公司 | 收款人 | 全称 | 广东电网惠州供电公司 | 此联为付款人付款通知 |
|---|---|---|---|---|---|---|
| | 账号 | 71682674052 | | 账号 | 78263674849 | |
| | 开户行 | 建行仲恺支行 | | 开户行 | 工行麦地支行 | |
| 大写金额 | （人民币）壹万陆仟零壹拾柒元零柒分 | | | | ￥16 017.07 | |
| 上述款项已从你单位存款账户 71682674052 支付。 | | | | | （银行盖章） | |
| 会计主管：　　　复核：　　　记账： | | | | | | |

4417269742　　　**广东增值税专用发票**　　　No 323563651

发票联　　　　　　　　　　　　　　　　开票日期：2019 年 11 月 21 日

| 购买方 | 名　　称：广东桥心电器有限公司 | | | | 密码区 | | （略） | |
|---|---|---|---|---|---|---|---|---|
| | 纳税人识别号：440703256268024 | | | | | | | |
| | 地　址、电话：惠州市仲恺大道 248 号 88327589 | | | | | | | |
| | 开户行及账号：惠州市建行仲恺支行 71682674052 | | | | | | | |
| 货物或应税劳务、服务名称 | 规格型号 | 单位 | 数量 | 单价 | 金额 | 税率 | 税额 | |
| ＊水冰雪＊供水 | | 吨 | 253 | 4.00 | 1 012.00 | 9% | 91.08 | |
| 合　　计 | | | | | ￥1 012.00 | 9% | ￥91.08 | |
| 价税合计（大写） | ⊗壹仟壹佰零叁圆零捌分 | | | | | （小写）￥1 103.08 | | |
| 销售方 | 名　　称：惠州市自来水总公司 | | | | 备注 | | | |
| | 纳税人识别号：440172387269636 | | | | | | | |
| | 地　址、电话：惠州金湖路 118 号 88696627 | | | | | | | |
| | 开户行及账号：建行金湖支行 71224574848 | | | | | | | |
| 收款人：　　　复核：　　　开票人：黄爱林　　　销售方：（章） | | | | | | | | |

### 中国建设银行对公客户付款通知单

币别：人民币　　　　2019 年 11 月 21 日　　　　交易种类：支付水费

| 付款人 | 全称 | 广东桥心电器有限公司 | 收款人 | 全称 | 惠州市自来水总公司 | 此联为付款人付款通知 |
|---|---|---|---|---|---|---|
| | 账号 | 71682674052 | | 账号 | 71224574848 | |
| | 开户行 | 建行仲恺支行 | | 开户行 | 建行金湖支行 | |
| 大写金额 | （人民币）壹仟壹佰零叁元零捌分 | | | | ￥1 103.08 | |
| 上述款项已从你单位存款账户 71682674052 支付。 | | | | | （银行盖章） | |
| 会计主管：　　　复核：　　　记账： | | | | | | |

（36）11 月 21 日，向广东福林科技有限公司采购 DFG 电路板一批，收到增值税专用发票，DFG 电路板验收合格入库，款项已付，如下所示。

## 三、经济业务

**4401283233**　　　　　　广东增值税专用发票　　　　　No 214263262

发票联　　　开票日期：2019 年 11 月 21 日

| 购买方 | 名　　　称：广东桥心电器有限公司<br>纳税人识别号：440703256268024<br>地　址、电　话：惠州市仲恺大道 248 号 88327589<br>开户行及账号：惠州市建行仲恺支行 71682674052 | 密码区 | （略） |
|---|---|---|---|

| 货物或应税劳务、服务名称 | 规格型号 | 单位 | 数量 | 单价 | 金额 | 税率 | 税额 |
|---|---|---|---|---|---|---|---|
| *印制电路板*DFG 电路板 | | 块 | 1 500 | 52.00 | 78 000.00 | 13% | 10 140.00 |
| 合　　计 | | | | | ￥78 000.00 | | ￥10 140.00 |

| 价税合计（大写） | ⊗捌万捌仟壹佰肆拾圆整 | （小写）￥88 140.00 |
|---|---|---|

| 销售方 | 名　　　称：广东福林科技有限公司<br>纳税人识别号：440105307268034<br>地　址、电　话：广州市芳村大道 52 号 83682585<br>开户行及账号：广州工行芳村支行 12629413054 | 备注 | （广东福林科技有限公司<br>440105307268034<br>发票专用章） |
|---|---|---|---|

收款人：　　　复核：　　　开票人：陈祁林　　　销售方：（章）

第三联：发票联　购买方记账凭证

---

## 收 料 单

2019 年 11 月 21 日　　　　　　收字第 1107 号

| 材料名称 | 规格型号 | 单　位 | 应收数量 | 实收数量 | 金额（元） |
|---|---|---|---|---|---|
| DFG 电路板 | | 块 | 1 500 | 1 500 | 78 000.00 |
| | | | | | |

仓库主管：陈德明　　　验收：李怡华　　　收料：朱永材

---

## 电 汇 凭 证（回单）　1　　　No 016543212

第 021321 号　　　　　　委托日期　　年　月　日

| 汇款人 | 全　　称 | | 收款人 | 全　　称 | |
|---|---|---|---|---|---|
| | 账号或住址 | | | 账号或住址 | |
| | 汇出地点 | 汇出行名称 | | 汇入地点 | 汇入行名称 |
| 金额 | 人民币（大写） | | | | 千百十万千百十元角分 |

汇款用途：

上列款项已根据委托办理，如需查询，请持此回单来行面谈

（中国建设银行股份有限公司 惠州仲恺支行 2019.11.21 办讫章 (2) 汇出行盖章）

此联为汇款人汇款回单

三、经济业务

(37) 11月22日,领用材料,投入4 000只电热壶、1 000只电饭锅生产,如下所示。

## 领 料 单

用途:生产电热壶　　　　　　2019年11月22日　　　　　　领字第01105号

| 材料名称 | 规格型号 | 单　位 | 请领数量 | 实发数量 | 金额(元) |
|---|---|---|---|---|---|
| HDP 钢板 | | 千克 | 800 | 800 | |
| SEP 塑料 | | 千克 | 800 | 800 | |
| DRH 电路板 | | 块 | 4 000 | 4 000 | |

仓库主管:陈德明　　　复核:杨晓梅　　　发料:朱永材　　　制单:梁晓芳

## 领 料 单

用途:生产电饭锅　　　　　　2019年11月22日　　　　　　领字第01106号

| 材料名称 | 规格型号 | 单　位 | 请领数量 | 实发数量 | 金额(元) |
|---|---|---|---|---|---|
| HDP 钢板 | | 千克 | 600 | 600 | |
| SEP 塑料 | | 千克 | 600 | 600 | |
| DFG 电路板 | | 块 | 1 000 | 1 000 | |

仓库主管:陈德明　　　复核:杨晓梅　　　发料:朱永材　　　制单:梁晓芳

(38) 11月24日,计提本月长期借款利息,如下所示。

## 利 息 计 算 单

2019年11月24日　　　　　　　　　　　　　　　　　　单位:元

| 计息项目 | 起息日 | 结息日 | 本　金 | 年利率 | 利　息 |
|---|---|---|---|---|---|
| 长期借款 | 2019.10.25 | 2019.11.25 | 320 000.00 | 6% | 1 600.00 |
| | | | | | |
| | | | | | |
| | | | | | |
| 合计(大写) | 人民币壹仟陆佰元整 | | | | ¥1 600.00 |

会计主管:何建明　　　　　会计:杨晓梅　　　　　制单:谢惠新

(39) 11月24日,支付本月短期借款利息,如下所示。

## 利 息 计 算 单

2019年11月24日　　　　　　　　　　　　　　　　　　单位:元

| 计息项目 | 起息日 | 结息日 | 本　金 | 年利率 | 利　息 |
|---|---|---|---|---|---|
| 短期借款 | 2019.10.25 | 2019.11.25 | 40 000.00 | 9% | 300.00 |
| | | | | | |
| | | | | | |
| | | | | | |
| 合计(大写) | 人民币叁佰元整 | | | | ¥300.00 |

会计主管:何建明　　　　　会计:杨晓梅　　　　　制单:谢惠新

三、经 济 业 务

**中国建设银行对公客户付款通知单**

币别：人民币　　　　　2019 年 11 月 24 日　　　　交易种类：支付短期借款利息

| 付款人 | 全　称 | 广东桥心电器有限公司 | 收款人 | 全　称 | 广东桥心电器有限公司 |
|---|---|---|---|---|---|
| | 账　号 | 71682674052 | | 账　号 | 71683687165 |
| | 开户行 | 建行仲恺支行 | | 开户行 | 建行惠州分行 |
| 大写金额 | （人民币）叁佰元整 | | | | ￥300.00 |
| 上述款项已从你单位存款账户 71682674052 支付。 | | | | | （银行盖章） |

此联为付款人付款通知

会计主管：　　　　　　复核：　　　　　　记账：

（40）11 月 24 日，电热壶 5 000 只、电饭锅 1 500 只完工，验收合格入库，如下所示。

**产成品入库单**

2019 年 11 月 24 日　　　　　　　　　　收字第 1103 号

| 产品名称 | 规格型号 | 单　位 | 应收数量 | 实收数量 | 金额（元） |
|---|---|---|---|---|---|
| 电热壶 | | 只 | 5 000 | 5 000 | |
| 电饭锅 | | 只 | 1 500 | 1 500 | |

仓库主管：陈德明　　　复核：朱永材　　　验收：李怡华　　　制单：梁晓芳

（41）11 月 24 日，以现金支付职工上下班交通补助 8 000 元，如下所示。

**交通补助清单**

2019 年 11 月 24 日

| 序　号 | 姓　名 | 补助金额（元） | 签　名 |
|---|---|---|---|
| 1 | 陈乔欣 | 320.00 | 陈乔欣 |
| 2 | 何建明 | 280.00 | 何建明 |
| 3 | 杨晓梅 | 240.00 | 杨晓梅 |
| … | … | 现金付讫 … | … |
| | … | | |
| 合　计 | — | ￥8 000.00 | — |

单位负责人：陈乔欣　　　会计主管：何建明　　　会计：杨晓梅　　　制表：谢惠新

（42）11 月 27 日，根据合同向广东海天电器有限公司销售电热壶 1 600 只，单价 65 元；电饭锅 1 000 只，单价 165 元，开出增值税专用发票，并办妥托收手续，如下所示。

三、经济业务

## 广东增值税专用发票

4601041141　　　　　　　　　　　　　　　　　　　　　　　　　No 031131106

发票联　　　　开票日期：2019 年 11 月 27 日

| 购买方 | 名称：广东海天电器有限公司 纳税人识别号：440103564568023 地址、电话：广州市中山大道 272 号 89937584 开户行及账号：广州工行新华支行 11634813054 | 密码区 | （略） |
|---|---|---|---|

| 货物或应税劳务、服务名称 | 规格型号 | 单位 | 数量 | 单价 | 金额 | 税率 | 税额 |
|---|---|---|---|---|---|---|---|
| *家用电器*电热壶 |  | 只 | 1 600 | 65.00 | 104 000.00 | 13% | 13 520.00 |
| *家用厨房电器具*电饭锅 |  | 只 | 1 000 | 165.00 | 165 000.00 | 13% | 21 450.00 |
| 合　计 |  |  |  |  | ￥269 000.00 |  | ￥34 970.00 |

| 价税合计（大写） | ⊗叁拾万叁仟玖佰柒拾圆整 | （小写）￥303 970.00 |
|---|---|---|

| 销售方 | 名称：广东桥心电器有限公司 纳税人识别号：440703256268024 地址、电话：惠州市仲恺大道 248 号 88327589 开户行及账号：惠州市建行仲恺支行 71682674052 | 备注 | 广东桥心电器有限公司 440703256268024 发票专用章 |
|---|---|---|---|

收款人：　　　　复核：杨晓梅　　　　开票人：王耀林　　　　销售方：（章）

第三联：发票联　购买方记账凭证

---

## 广东增值税专用发票

4601041141　　　　　　　　　　　　　　　　　　　　　　　　　No 031131106

此联不作报销、扣税凭证使用　　开票日期：2019 年 11 月 27 日

| 购买方 | 名称：广东海天电器有限公司 纳税人识别号：440103564568023 地址、电话：广州市中山大道 272 号 89937584 开户行及账号：广州工行新华支行 11634813054 | 密码区 | （略） |
|---|---|---|---|

| 货物或应税劳务、服务名称 | 规格型号 | 单位 | 数量 | 单价 | 金额 | 税率 | 税额 |
|---|---|---|---|---|---|---|---|
| *家用电器*电热壶 |  | 只 | 1 600 | 65.00 | 104 000.00 | 13% | 13 520.00 |
| *家用厨房电器具*电饭锅 |  | 只 | 1 000 | 165.00 | 165 000.00 | 13% | 21 450.00 |
| 合　计 |  |  |  |  | ￥269 000.00 |  | ￥34 970.00 |

| 价税合计（大写） | ⊗叁拾万叁仟玖佰柒拾圆整 | （小写）￥303 970.00 |
|---|---|---|

| 销售方 | 名称：广东桥心电器有限公司 纳税人识别号：440703256268024 地址、电话：惠州市仲恺大道 248 号 88327589 开户行及账号：惠州市建行仲恺支行 71682674052 | 备注 |  |
|---|---|---|---|

收款人：　　　　复核：杨晓梅　　　　开票人：王耀林　　　　销售方：（章）

第一联：记账联　销售方记账凭证

---

## 产品出库单

2019 年 11 月 27 日　　　　　　　　　　第 01106 号

| 产品名称 | 规　格 | 型　号 | 单位 | 数　量 | 单位成本 | 金额（元） |
|---|---|---|---|---|---|---|
| 电热壶 |  |  | 只 | 1 600 |  |  |
| 电饭锅 |  |  | 只 | 1 000 |  |  |

仓库主管：陈德明　　复核：杨晓梅　　发货：朱永材　　制单：梁晓芳

## 三、经济业务

### 托收凭证（受理回单） 1

**委托日期：2019 年 11 月 27 日**

| 业务类型 | 委托收款（□邮划、□电划） | | | 托收承付（□邮划、☑电划） | | | |
|---|---|---|---|---|---|---|---|
| 付款人 | 全称 | 广东海天电器有限公司 | | 收款人 | 全称 | 广东桥心电器有限公司 | |
| | 账号 | 11634813054 | | | 账号 | 71682674052 | |
| | 地址 | 广东广州市县 | 开户行 | 工行新华支行 | 地址 | 广东惠州市县 | 开户行 | 建行仲恺支行 |
| 金额 | 人民币（大写） | 叁拾万叁仟玖佰柒拾元整 | | | ￥ 3 0 3 9 7 0 0 0 （亿千百十万千百十元角分） | | |
| 款项内容 | 销货款 | 托收凭据名称 | 增值税专用发票 产品出库单 | 附寄单证张数 | 2 | | |
| 商品发运情况 | | 已发运 | | 合同名称号码 | HT00108141 | | |
| 备注： | | 款项收妥日期： 年 月 日 | | | | | |
| 复核 记账 | | | | 收款人开户银行签章 | | | |

此联作收款人开户银行给收款人的受理回单

（印章：中国建设银行股份有限公司 惠州仲恺支行 2019.11.27 办讫章）

(43) 11 月 28 日，签发现金支票，提取现金 10 000 元备用，如下所示。

**中国建设银行支票存根（粤）** GS 01034107

附加信息 _____

出票日期 年 月 日

| 收款人： |
| 金 额： |
| 用 途： |
| 单位主管 会计 |

**中国建设银行支票（粤）** GS 01034107

付款期限自出票之日起十天

| 出票日期（大写） 年 月 日 | 付款行名称： |
| 收款人： | 出票人账号： |
| 人民币（大写） | 千百十万千百十元角分 |

用途 _____ 密码 _____

上列款项请从我账户内支付 行号 _____

出票人签章（广东桥心电器有限公司财务专用章） 陈乔欣 复核 记账

| 附加信息： | 被背书人 | 被背书人 | |
| | | | （粘贴单处） |
| | 背书人签章 年 月 日 | 背书人签章 年 月 日 | |

根据《中华人民共和国票据法》等法律法规的规定，签发空头支票由中国人民银行处以票面金额 5% 但不低于 1 000 元的罚款。

(44) 11 月 29 日，收到广东海天电器有限公司支付的本月 27 日的货款，如下所示。

## 托收凭证（收账通知） 4

委托日期： 年 月 日　　付款期限 年 月 日

| 业务类型 | 委托收款(□邮划、□电划) | | | 托收承付(□邮划、☑电划) | | | | |
|---|---|---|---|---|---|---|---|---|
| 付款人 | 全称 | | | 收款人 | 全称 | | | |
| | 账号 | | | | 账号 | | | |
| | 地址 | 省 | 市县 | 开户行 | | 地址 | 省 市县 | 开户行 |

金额 人民币（大写）　　亿千百十万千百十元角分

中国建设银行股份有限公司
惠州仲恺支行
2019.11.29
办讫章
(4)

款项内容　　托收凭据名称　　附寄单证张数
商品发运情况　　合同名称号码　HT00108141
备注：　复核　记账　款项收妥日期： 年 月 日　收款人开户银行签章

此联作收款人开户银行给收款人的收账通知

---

（45）11月29日，以现金报销汽油费，如下所示。

**4389541528**
成品油

### 广东增值税普通发票
发票联　　No 289361652
开票日期：2019年11月29日

| 购买方 | 名　称：广东桥心电器有限公司 | | | | 密码区 | (略) | | |
|---|---|---|---|---|---|---|---|---|
| | 纳税人识别号：440703256268024 | | | | | | | |
| | 地址、电话：惠州市仲恺大道248号 88327589 | | | | | | | |
| | 开户行及账号：惠州市建行仲恺支行 71682674052 | | | | | | | |
| 货物或应税劳务、服务名称 | 规格型号 | 单位 | 数量 | 单价 | 金额 | 税率 | 税额 | |
| *汽油*95 汽油 | | | | | 700.00 | 13% | 91.00 | |
| 合　计 | | | | | ¥700.00 | | ¥91.00 | |
| 价税合计（大写） | ⊗柒佰玖拾壹圆整 | | | | | (小写)¥791.00 | | |
| 销售方 | 名　称：中国石油惠州有限公司 | | | | 备注 | 中国石油惠州有限公司 440719875246269 发票专用章 | | |
| | 纳税人识别号：440719875246269 | | | | | | | |
| | 地址、电话：惠州市仲恺大道108号 86669858 | | | | | | | |
| | 开户行及账号：惠州工行仲恺支行 71695213256 | | | | | | | |

收款人：　　复核：　　开票人：李晓燕　　销售方：(章)

### 费 用 报 销 单
2019年11月29日

| 报销部门 | 管理部门 | 报销人 | | 李晓彬 |
|---|---|---|---|---|
| 费用项目 | 单据张数 | 金额（元） | | 备注 |
| 95汽油 | 1 | 791.00 | | |
| | | | | 现金付讫 |
| 合计 | | ¥791.00 | | |

金额（大写）人民币柒佰玖拾壹元整

| 单位领导审批：同意 | | 部门主管审批：同意 | |
|---|---|---|---|
| | 陈乔欣 | | 聂源珍 |

会计主管：何建明　　复核：杨晓梅　　出纳：谢惠新

(46) 11月30日,计算发出材料成本,采用月末一次加权平均法,如下所示。

### 发出材料单位成本计算表

材料:HDP 不锈钢板　　　　　　2019 年 11 月 30 日　　　　　　　　　　单位:元

| 日期 | 期初余额 | | | 本期购进 | | | 加权单位成本 |
|---|---|---|---|---|---|---|---|
| | 数量 | 单价 | 金额 | 数量 | 单价 | 金额 | |
| | | | | | | | |
| | | | | | | | |
| | | | | | | | |
| | | | | | | | |
| | | | | | | | |
| | | | | | | | |
| | | | | | | | |

会计主管:何建明　　　　　　　复核:杨晓梅　　　　　　　制表:梁晓芳

### 发出材料单位成本计算表

材料:SEP 塑料　　　　　　　　2019 年 11 月 30 日　　　　　　　　　　单位:元

| 日期 | 期初余额 | | | 本期购进 | | | 加权单位成本 |
|---|---|---|---|---|---|---|---|
| | 数量 | 单价 | 金额 | 数量 | 单价 | 金额 | |
| | | | | | | | |
| | | | | | | | |
| | | | | | | | |
| | | | | | | | |
| | | | | | | | |
| | | | | | | | |
| | | | | | | | |

会计主管:何建明　　　　　　　复核:杨晓梅　　　　　　　制表:梁晓芳

### 发出材料单位成本计算表

材料:DRH 电路板　　　　　　　2019 年 11 月 30 日　　　　　　　　　　单位:元

| 日期 | 期初余额 | | | 本期购进 | | | 加权单位成本 |
|---|---|---|---|---|---|---|---|
| | 数量 | 单价 | 金额 | 数量 | 单价 | 金额 | |
| | | | | | | | |
| | | | | | | | |
| | | | | | | | |
| | | | | | | | |
| | | | | | | | |
| | | | | | | | |
| | | | | | | | |

会计主管:何建明　　　　　　　复核:杨晓梅　　　　　　　制表:梁晓芳

### 发出材料单位成本计算表

材料:DFG 电路板　　　　　　2019 年 11 月 30 日　　　　　　单位:元

| 日期 | 期初余额 | | | 本期购进 | | | 加权单位成本 |
| --- | --- | --- | --- | --- | --- | --- | --- |
| | 数量 | 单价 | 金额 | 数量 | 单价 | 金额 | |
| | | | | | | | |
| | | | | | | | |
| | | | | | | | |
| | | | | | | | |
| | | | | | | | |
| | | | | | | | |
| | | | | | | | |
| | | | | | | | |

会计主管:何建明　　　　　　复核:杨晓梅　　　　　　制表:梁晓芳

### 发出材料成本汇总表

2019 年 11 月 30 日　　　　　　单位:元

| 部门/用途 | HDP 不锈钢板 | | | SEP 塑料 | | | DRH 电路板 | | | DFG 电路板 | | | 合计 |
| --- | --- | --- | --- | --- | --- | --- | --- | --- | --- | --- | --- | --- | --- |
| | 数量 | 单价 | 金额 | 数量 | 单价 | 金额 | 数量 | 单价 | 金额 | 数量 | 单价 | 金额 | |
| 电热壶 | | | | | | | | | | | | | |
| 电饭锅 | | | | | | | | | | | | | |
| 合计 | | | | | | | | | | | | | |

会计主管:何建明　　　　　　复核:杨晓梅　　　　　　制表:梁晓芳

(47) 11 月 30 日,计算分配本月工资费用,如下所示。

### 工资结算汇总表

2019 年 11 月　　　　　　单位:元

| 部门或用途 | 基本工资 | 奖　金 | 津贴补贴 | 应付工资 | 代扣款 | 实发工资 |
| --- | --- | --- | --- | --- | --- | --- |
| 生产电热壶 | 84 768.00 | 51 228.00 | 48 657.00 | 184 653.00 | | |
| 生产电饭锅 | 57 941.00 | 29 509.00 | 25 864.00 | 113 314.00 | | |
| 车间管理人员 | 16 854.00 | 7 436.00 | 9 224.00 | 33 514.00 | | |
| 行政管理人员 | 16 878.00 | 7 530.00 | 6 904.00 | 31 312.00 | | |
| 销售人员 | 73 696.00 | 29 696.00 | 18 048.00 | 121 440.00 | | |
| 合　计 | 250 137.00 | 125 399.00 | 108 697.00 | 484 233.00 | | |

会计主管:何建明　　　　　　复核:杨晓梅　　　　　　制表:梁晓芳

(48) 11月30日,计提本月社会保险费和住房公积金(单位负担部分),如下所示。

### 社会保险费与住房公积金计提表

2019年11月　　　　　　　　　　　　　　　　　　　　　　　　　　　　单位:元

| 部门或用途 | 计提基数 | 基本养老保险费 | | 基本医疗保险费 | | 失业保险费 | | 工伤保险费单位(0.25%) | 保险费合计 | | 住房公积金 | |
|---|---|---|---|---|---|---|---|---|---|---|---|---|
| | | 单位(18%) | 个人(8%) | 单位(8.5%) | 个人(2%) | 单位(0.8%) | 个人(0.2%) | | 单位 | 个人 | 单位(8%) | 个人(8%) |
| 生产电热壶 | 184 653.00 | 33 237.54 | 14 772.24 | 15 695.51 | 3 693.06 | 1 477.22 | 369.31 | 461.63 | 50 871.90 | 18 834.61 | 14 772.24 | 14 772.24 |
| 生产电饭锅 | 113 314.00 | 20 396.52 | 9 065.12 | 9 631.69 | 2 266.28 | 906.51 | 226.63 | 283.29 | 31 218.01 | 11 558.03 | 9 065.12 | 9 065.12 |
| 车间管理 | 33 514.00 | 6 032.52 | 2 681.12 | 2 848.69 | 670.28 | 268.11 | 67.03 | 83.79 | 9 233.11 | 3 418.43 | 2 681.12 | 2 681.12 |
| 行政管理 | 31 312.00 | 5 636.16 | 2 504.96 | 2 661.52 | 626.24 | 250.50 | 62.62 | 78.28 | 8 626.46 | 3 193.82 | 2 504.96 | 2 504.96 |
| 销售人员 | 121 440.00 | 21 859.20 | 9 715.20 | 10 322.40 | 2 428.80 | 971.52 | 242.88 | 303.60 | 33 456.72 | 12 386.88 | 9 715.20 | 9 715.20 |
| 合　计 | 484 233.00 | 87 161.94 | 38 738.64 | 41 159.81 | 9 684.66 | 3 873.86 | 968.47 | 1 210.58 | 133 406.19 | 49 391.77 | 38 738.64 | 38 738.64 |

会计主管:何建明　　　　　　　复核:杨晓梅　　　　　　　制表:梁晓芳

(49) 11月30日,结转本月应从职工工资中扣除的各种代扣代垫款,如下所示。

### 代扣代垫款汇总表

2019年11月　　　　　　　　　　　　　　　　　　　　　　　　　　　　单位:元

| 部门或用途 | 计提基数 | 基本养老保险费 个人(8%) | 基本医疗保险费 个人(2%) | 失业保险费 个人(0.2%) | 保险费合计 个人 | 住房公积金 个人(8%) | 个人所得税 |
|---|---|---|---|---|---|---|---|
| 生产电热壶 | 184 653.00 | 14 772.24 | 3 693.06 | 369.31 | 18 834.61 | 14 772.24 | 332.54 |
| 生产电饭锅 | 113 314.00 | 9 065.12 | 2 266.28 | 226.63 | 11 558.03 | 9 065.12 | 216.08 |
| 车间管理 | 33 514.00 | 2 681.12 | 670.28 | 67.03 | 3 418.43 | 2 681.12 | 159.53 |
| 行政管理 | 31 312.00 | 2 504.96 | 626.24 | 62.62 | 3 193.82 | 2 504.96 | 152.01 |
| 销售人员 | 121 440.00 | 9 715.20 | 2 428.80 | 242.88 | 12 386.88 | 9 715.20 | 312.66 |
| 合　计 | 484 233.00 | 38 738.64 | 9 684.66 | 968.47 | 49 391.77 | 38 738.64 | 1 172.82 |

会计主管:何建明　　　　　　　复核:杨晓梅　　　　　　　制表:梁晓芳

(50) 11月30日,结转本月职工福利费到管理费用,如下所示。

### 职工福利费分配表

2019年11月　　　　　　　　　　　　　　　　　　　　　　　　　　　　单位:元

| 部门或用途 | 职工福利费 | 备　注 |
|---|---|---|
| 管理费用 | 3 390.00 | |
| | | |
| 合　计 | ¥3 390.00 | |

会计主管:何建明　　　　　　　复核:杨晓梅　　　　　　　制表:梁晓芳

(51) 11月30日,计提本月工会经费,如下所示。

## 工会经费计提表

2019 年 11 月　　　　　　　　　　　　　　　　　　　　　单位:元

| 部门或用途 | 计提基数 | 计提比例 | 计提金额 | 备 注 |
|---|---|---|---|---|
| 生产电热壶 | 184 653.00 | 2% | | |
| 生产电饭锅 | 113 314.00 | 2% | | |
| 车间管理 | 33 514.00 | 2% | | |
| 行政管理 | 31 312.00 | 2% | | |
| 销售人员 | 121 440.00 | 2% | | |
| 合计 | 484 233.00 | 2% | | |

会计主管:何建明　　　　　　复核:杨晓梅　　　　　　制表:梁晓芳

(52) 11月30日,计提本月职工教育经费,如下所示。

## 职工教育经费计提表

2019 年 11 月　　　　　　　　　　　　　　　　　　　　　单位:元

| 部门或用途 | 计提基数 | 计提比例 | 计提金额 | 备 注 |
|---|---|---|---|---|
| 生产电热壶 | 184 653.00 | 1.5% | | |
| 生产电饭锅 | 113 314.00 | 1.5% | | |
| 车间管理 | 33 514.00 | 1.5% | | |
| 行政管理 | 31 312.00 | 1.5% | | |
| 销售人员 | 121 440.00 | 1.5% | | |
| 合计 | 484 233.00 | 1.5% | | |

会计主管:何建明　　　　　　复核:杨晓梅　　　　　　制表:梁晓芳

(53) 11月30日,计算并分配本月电费,如下所示。

## 电 费 分 配 表

2019 年 11 月

| 部门或用途 | 用电量(度) | 单价(元/度) | 应分配电费(元) |
|---|---|---|---|
| 生产电热壶 | 5 078 | 1.20 | |
| 生产电饭锅 | 4 554 | 1.20 | |
| 车间管理 | 616 | 1.20 | |
| 行政管理 | 368 | 1.20 | |
| 销售机构 | 263 | 1.20 | |
| 合计 | 10 879 | 1.20 | |

会计主管:何建明　　　　　　复核:杨晓梅　　　　　　制表:梁晓芳

(54) 11月30日,计算并分配本月水费,如下所示。

## 水费分配表
2019年11月

| 部门或用途 | 用水量(吨) | 单价(元/吨) | 应分配水费(元) |
|---|---|---|---|
| 生产电热壶 | 110 | 4.00 | |
| 生产电饭锅 | 88 | 4.00 | |
| 车间管理 | 8 | 4.00 | |
| 行政管理 | 14 | 4.00 | |
| 销售机构 | 10 | 4.00 | |
| 合计 | 230 | 4.00 | |

会计主管:何建明　　　　复核:杨晓梅　　　　制表:梁晓芳

(55) 11月30日,计提本月固定资产折旧,如下所示。

## 折旧计算表
2019年11月　　　　　　　　　　　　　　单位:元

| 固定资产类型 | | 固定资产价值 | 月折旧率 | 月折旧额 |
|---|---|---|---|---|
| 生产用固定资产 | 房屋 | 1 340 160.00 | 0.42% | |
| | 设备 | 893 440.00 | 1.05% | |
| 非生产用固定资产 | 房屋 | 390 880.00 | 0.42% | |
| | 设备 | 167 520.00 | 1.05% | |
| 合计 | | 2 792 000.00 | — | |

会计主管:何建明　　　　复核:杨晓梅　　　　制表:梁晓芳

(56) 11月30日,计提本月无形资产累计摊销额,如下所示。

## 无形资产摊销计算表
2019年11月　　　　　　　　　　　　　　单位:元

| 无形资产类型 | 无形资产价值 | 月摊销率 | 月摊销额 |
|---|---|---|---|
| 电热壶专利 | 150 000.00 | 1.666 667% | |
| 电饭锅专利 | 270 000.00 | 1.666 667% | |
| 合计 | 420 000.00 | — | |

会计主管:何建明　　　　复核:杨晓梅　　　　制表:梁晓芳

(57) 11月30日,分配结转本月制造费用,如下所示。

## 制造费用分配表
2019年11月

| 产品项目 | 分配标准(工时) | 分配率(元/工时) | 分配金额(元) |
|---|---|---|---|
| 生产电热壶 | 2 835.00 | | |
| 生产电饭锅 | 2 165.00 | | |
| 合计 | 5 000.00 | | |

会计主管:何建明　　　　复核:杨晓梅　　　　制表:梁晓芳

(58) 11月30日,计算本月完工产品成本,如下所示。

## 完工产品成本计算单

2019年11月30日　　　　　　　　　　　　　　　　　　　　　　单位:元

产品名称:电热壶(只)　　　　　　　　　　　　　　　　　　完工产品数量:

| 项　目 | | 产量 | 直接材料 | 直接人工 | 水费 | 电费 | 制造费用 | 其他费用 | 合计 |
|---|---|---|---|---|---|---|---|---|---|
| 期初在产品成本 | 在产品数量 | | | | | | | | |
| | 约当产量 | | | | | | | | |
| 本月生产费用 | 投入量 | | | | | | | | |
| | 生产费用 | | | | | | | | |
| 生产费用合计 | | — | | | | | | | |
| 完工产品成本 | 总成本 | | | | | | | | |
| | 单位成本 | | | | | | | | |
| 期末在产品成本 | 在产品数量 | | | | | | | | |
| | 约当产量 | | | | | | | | |

会计主管:何建明　　　　　　　复核:杨晓梅　　　　　　　制表:梁晓芳

## 完工产品成本计算单

2019年11月30日　　　　　　　　　　　　　　　　　　　　　　单位:元

产品名称:电饭锅(只)　　　　　　　　　　　　　　　　　　完工产品数量:

| 项　目 | | 产量 | 直接材料 | 直接人工 | 水费 | 电费 | 制造费用 | 其他费用 | 合计 |
|---|---|---|---|---|---|---|---|---|---|
| 期初在产品成本 | 在产品数量 | | | | | | | | |
| | 约当产量 | | | | | | | | |
| 本月生产费用 | 投入量 | | | | | | | | |
| | 生产费用 | | | | | | | | |
| 生产费用合计 | | — | | | | | | | |
| 完工产品成本 | 总成本 | | | | | | | | |
| | 单位成本 | | | | | | | | |
| 期末在产品成本 | 在产品数量 | | | | | | | | |
| | 约当产量 | | | | | | | | |

会计主管:何建明　　　　　　　复核:杨晓梅　　　　　　　制表:梁晓芳

(59) 11月30日,计算并结转本月产品销售成本,如下所示。

## 发出产品单位成本计算表

产品名称:电热壶　　　　　　2019年11月30日　　　　　　　　单位:元

| 日期 | 期初余额 | | | 本期完工 | | | 加权单位成本 |
|---|---|---|---|---|---|---|---|
| | 数量 | 单位成本 | 金额 | 数量 | 单位成本 | 金额 | |
| | | | | | | | |
| | | | | | | | |
| | | | | | | | |
| | | | | | | | |
| | | | | | | | |

会计主管:何建明　　　　　　　复核:杨晓梅　　　　　　　制表:梁晓芳

## 发出产品单位成本计算表

产品名称：电饭锅　　　　　2019 年 11 月 30 日　　　　　单位：元

| 日期 | 期初余额 | | | 本期完工 | | | 加权单位成本 |
|---|---|---|---|---|---|---|---|
| | 数量 | 单位成本 | 金额 | 数量 | 单位成本 | 金额 | |
| | | | | | | | |
| | | | | | | | |
| | | | | | | | |
| | | | | | | | |
| | | | | | | | |

会计主管：何建明　　　　　复核：杨晓梅　　　　　制表：梁晓芳

## 产品销售成本汇总表

2019 年 11 月　　　　　单位：元

| 产品名称 | 计量单位 | 销售量 | 单位成本 | 总成本 |
|---|---|---|---|---|
| 电热壶 | | | | |
| 电饭锅 | | | | |
| 合计 | | | | |

会计主管：何建明　　　　　复核：杨晓梅　　　　　制表：梁晓芳

（60）11 月 30 日，按应收账款余额百分比法计提本月坏账准备金（5‰），如下所示。

## 坏账准备计提表

2019 年 11 月 30 日　　　　　单位：元

| 时间 | 应收账款余额 | 计提比例 | 当期应计提 | 计提前余额 | 当期实际计提 |
|---|---|---|---|---|---|
| | | | | | |
| | | | | | |
| | | | | | |

会计主管：何建明　　　　　复核：杨晓梅　　　　　制表：梁晓芳

（61）11 月 30 日，结转当月应交而未交（或多交）的增值税，如下所示。

## 内部转账单

2019 年 11 月 30 日　　　　　转字第 201 号

| 摘　要 | 结转账户 | | | 转入账户 | | |
|---|---|---|---|---|---|---|
| | 总账账户 | 明细账户 | 金额（元） | 总账账户 | 明细账户 | 金额（元） |
| | | | | | | |
| | | | | | | |
| | | | | | | |
| 合计 | | | | | | |

会计主管：何建明　　　　　复核：杨晓梅　　　　　制表：梁晓芳

(62) 11月30日,计算本月应交城市维护建设税(7%)、教育费附加(3%)、地方教育费附加(2%)、堤围防护费(营业收入×0.072%),如下所示。

## 税费计算表

2019年11月30日　　　　　　　　　　　　　　　　　　　　单位:元

| 税(费)种 | 计税基数 | 税(费)率 | 税(费)额 | 备注 |
|---|---|---|---|---|
| 城市维护建设税 | | | | |
| 教育费附加 | | | | |
| 地方教育费附加 | | | | |
| 堤围防护费 | | | | |
| 合　计 | | | | |

会计主管:何建明　　　　　　复核:杨晓梅　　　　　　制表:梁晓芳

(63) 11月30日,结转本月损益类账户,如下所示。

## 损益类账户发生额表(结转到本年利润前)

2019年11月　　　　　　　　　　　　　　　　　　　　单位:元

| 收入类账户 | 借方发生额 | 贷方发生额 | 费用类账户 | 借方发生额 | 贷方发生额 |
|---|---|---|---|---|---|
| | | | | | |
| | | | | | |
| | | | | | |
| | | | | | |
| | | | | | |
| | | | | | |
| | | | | | |
| | | | | | |
| | | | | | |
| | | | | | |
| | | | | | |
| | | | | | |
| 合计 | | | 合计 | | |

会计主管:何建明　　　　　　复核:杨晓梅　　　　　　制表:梁晓芳

## 内 部 转 账 单

2019 年 11 月 30 日　　　　　　　　　　　　　　　　　　转字第 202 号

| 摘　要 | 结转账户 | | | 转入账户 | | |
|---|---|---|---|---|---|---|
| | 总账账户 | 明细账户 | 金额(元) | 总账账户 | 明细账户 | 金额(元) |
| 结转收入类账户 | | | | | | |
| | | | | | | |
| | | | | | | |
| | | | | | | |
| | | | | | | |
| | | | | | | |
| | | | | | | |
| 合计 | | | | | | |

会计主管:何建明　　　　　　复核:杨晓梅　　　　　　制表:梁晓芳

## 内 部 转 账 单

2019 年 11 月 30 日　　　　　　　　　　　　　　　　　　转字第 203 号

| 摘　要 | 结转账户 | | | 转入账户 | | |
|---|---|---|---|---|---|---|
| | 总账账户 | 明细账户 | 金额(元) | 总账账户 | 明细账户 | 金额(元) |
| 结转费用类账户 | | | | | | |
| | | | | | | |
| | | | | | | |
| | | | | | | |
| | | | | | | |
| | | | | | | |
| | | | | | | |
| | | | | | | |
| | | | | | | |
| 合计 | | | | | | |

会计主管:何建明　　　　　　复核:杨晓梅　　　　　　制表:梁晓芳

(64) 11月30日，计算并结转本月应交企业所得税，企业所得税税率为25%，如下所示。

## 税费计算表

2019年11月30日　　　　　　　　　　　　　　　　　　　单位:元

| 税(费)种 | 计税基数 | 税(费)率 | 税(费)额 | 备注 |
|---|---|---|---|---|
| 企业所得税 | | | | |
| | | | | |
| | | | | |
| 合　计 | | | | |

会计主管:何建明　　　　　　复核:杨晓梅　　　　　　制表:梁晓芳

## 内部转账单

2019年11月30日　　　　　　　　　　　　　　　　　转字第204号

| 摘　要 | 结转账户 | | | 转入账户 | | |
|---|---|---|---|---|---|---|
| | 总账账户 | 明细账户 | 金额(元) | 总账账户 | 明细账户 | 金额(元) |
| 结转所得税费用 | | | | | | |
| | | | | | | |
| | | | | | | |
| 合　计 | | | | | | |

会计主管:何建明　　　　　　复核:杨晓梅　　　　　　制表:梁晓芳

(65) 11月30日，结转"本年利润"账户余额到"利润分配——未分配利润"账户，如下所示。

## 内部转账单

2019年11月30日　　　　　　　　　　　　　　　　　转字第205号

| 摘　要 | 结转账户 | | | 转入账户 | | |
|---|---|---|---|---|---|---|
| | 总账账户 | 明细账户 | 金额(元) | 总账账户 | 明细账户 | 金额(元) |
| 结转"本年利润"账户余额 | | | | | | |
| | | | | | | |
| | | | | | | |
| 合　计 | | | | | | |

会计主管:何建明　　　　　　复核:杨晓梅　　　　　　制表:梁晓芳

## 3. 12月份经济业务

（1）12月1日，购买运输用卡车一辆，预计使用8年，按平均年限法计提折旧，预计净残值率为5%，如下所示。

### 机动车销售统一发票

开票日期：2019年12月01日　　　　发票联　　　　发票号码 401341601

| 机打代码<br>机打号码<br>机器编号 | （略） | | 税控码 | （略） | |
|---|---|---|---|---|---|
| 购买方名称及<br>身份证号码/<br>组织机构代码 | 广东桥心电器有限公司 | | 纳税人识别号 | 440703256268024 | |
| 车辆类型 | 重型卡车 | 厂牌型号 | 陕汽牌SQ56982143 | 产地 | 陕西西安 |
| 合格证号 | SXSQ0012578543 | 进口证明书号 | | 商检单号 | |
| 发动机号码 | 6982658 | 车辆识别代号/车架号码 | | LHCCD968572011656 | |
| 价税合计 | ⊗贰拾贰万陆仟圆整 | | | 小写 ￥226 000.00 | |
| 销货单位名称 | 广东重汽销售有限公司 | | 电话 | 0752-88694589 | |
| 纳税人识别号 | 440702568878145 | | 账号 | 71362674548 | |
| 地址 | 惠州市仲恺大道100号汽车城 | | 开户银行 | 交行仲恺支行 | |
| 增值税税率<br>或征收率 | 13% | 增值税税额 | ￥26 000.00 | 主管税务<br>机关及代码 | 惠州市惠城区税务局<br>14413028206 |
| 不含税价 | ￥200 000.00 | 完税凭证号码 | | 吨位 10 | 限乘人数 4 |
| 销货单位盖章 | | 开票人 郑利发 | | 备注 一车一票 | |

第一联：发票联（购货单位付款凭证）

### 车辆购置税完税证明

No. 17440091165

| 纳税人 | 广东桥心电器有限公司 |
|---|---|
| 车辆购置税 | 人民币贰万元整（￥20 000.00） |
| 厂牌型号 | 陕汽牌SQ56982143 |
| 发动机号 | 6982658 |
| 车架号（车辆识别号） | LHCCD968572011656 |
| 牌照号码 | 粤J.BJKJ9 |
| 征收机关名称 | 惠州市税务局车辆购置税征收管理分局 |
| 经办人签章 | 陈伟村 |

三、经济业务

4417247548 广东增值税专用发票 No 364375482
发票联 开票日期：2019 年 12 月 01 日

| 购买方 | 名称：广东桥心电器有限公司 纳税人识别号：440703256268024 地址、电话：惠州市仲恺大道 248 号 88327589 开户行及账号：惠州市建行仲恺支行 71682674052 | 密码区 | （略） |

| 货物或应税劳务、服务名称 | 规格型号 | 单位 | 数量 | 单价 | 金额 | 税率 | 税额 |
|---|---|---|---|---|---|---|---|
| *保险服务*交强险 | | 辆 | 1 | 960.00 | 960.00 | 6% | 57.60 |
| *保险服务*代收车船税 | | 辆 | 1 | 175.00 | 175.00 | *** | *** |
| 合　　计 | | | | | ¥1 135.00 | | ¥57.60 |

| 价税合计（大写） | ⊗壹仟壹佰玖拾贰圆陆角整 | （小写）¥1 192.60 |

| 销售方 | 名称：太平洋保险公司惠州分公司 纳税人识别号：440173652267984 地址、电话：惠州市云山东路 18 号 88389966 开户行及账号：建行云山支行 71682983275 | 备注 | （太平洋保险公司惠州分公司 440173652267984 发票专用章） |

收款人：　　　复核：　　　开票人：陈红英　　　销售方：（章）

---

4417247548 广东增值税专用发票 No 364375483
发票联 开票日期：2019 年 12 月 01 日

| 购买方 | 名称：广东桥心电器有限公司 纳税人识别号：440703256268024 地址、电话：惠州市仲恺大道 248 号 88327589 开户行及账号：惠州市建行仲恺支行 71682674052 | 密码区 | （略） |

| 货物或应税劳务、服务名称 | 规格型号 | 单位 | 数量 | 单价 | 金额 | 税率 | 税额 |
|---|---|---|---|---|---|---|---|
| *保险服务*机动车综合险 | | 辆 | 1 | 6 936.00 | 6 936.00 | 6% | 416.16 |
| 合　　计 | | | | | ¥6 936.00 | | ¥416.16 |

| 价税合计（大写） | ⊗柒仟叁佰伍拾贰圆壹角陆分 | （小写）¥7 352.16 |

| 销售方 | 名称：太平洋保险公司惠州分公司 纳税人识别号：440173652267984 地址、电话：惠州市云山东路 18 号 88389966 开户行及账号：建行云山支行 71682983275 | 备注 | （太平洋保险公司惠州分公司 440173652267984 发票专用章） |

收款人：　　　复核：　　　开票人：陈红英　　　销售方：（章）

三、经济业务

## 固定资产验收单

验收日期 2019 年 12 月 01 日　　　　　　　　　　　　　编号：006001

<table>
<tr><td rowspan="11">固定资产管理部门</td><td colspan="2">项目名称</td><td colspan="2">运输卡车</td><td colspan="2">电动机</td><td colspan="2"></td><td></td></tr>
<tr><td colspan="2">型　号</td><td colspan="2"></td><td colspan="2">总功率</td><td colspan="2"></td><td></td></tr>
<tr><td colspan="2">规　格</td><td colspan="2"></td><td colspan="2">出厂编号</td><td colspan="2">生产日期</td><td></td></tr>
<tr><td colspan="2">制造厂</td><td colspan="2">广东重汽销售有限公司</td><td colspan="2">自重量</td><td colspan="2">始用日期</td><td>2019.12.01</td></tr>
<tr><td colspan="2">尺　寸</td><td colspan="2"></td><td colspan="2">使用部门</td><td colspan="2">施工工号</td><td></td></tr>
<tr><td colspan="9">随　机　附　件</td></tr>
<tr><td colspan="2">名称</td><td colspan="2">型号规格</td><td>数量</td><td>名称</td><td colspan="2">型号规格</td><td>数量</td></tr>
<tr><td colspan="2"></td><td colspan="2"></td><td></td><td></td><td colspan="2"></td><td></td></tr>
<tr><td colspan="2">说明书</td><td colspan="2"></td><td colspan="2">装箱单</td><td colspan="2">图纸</td><td></td></tr>
<tr><td colspan="2">合格证</td><td colspan="2"></td><td colspan="2">精度单</td><td colspan="2">资料验收人</td><td></td></tr>
<tr><td colspan="2">设备类别</td><td colspan="2"></td><td colspan="2">使用年限</td><td colspan="2"></td><td></td></tr>
<tr><td rowspan="1"></td><td colspan="2">精度等级</td><td colspan="2"></td><td colspan="2">分类划级</td><td colspan="2"></td><td></td></tr>
<tr><td rowspan="2">财务部门</td><td colspan="2">设备费用</td><td colspan="2">¥220 000.00</td><td colspan="2">安装及其他费</td><td colspan="2"></td><td></td></tr>
<tr><td colspan="2">原值合计</td><td colspan="2">¥220 000.00</td><td colspan="2">资产来源</td><td colspan="2">购买</td><td></td></tr>
<tr><td colspan="2">验收意见</td><td colspan="7">验收合格　　　　　　　　　　　　　　　　　　　　　　验收人：黎自立、李晓清</td></tr>
<tr><td colspan="2">部门签名</td><td colspan="2">使用部门</td><td>黎自立</td><td>固定资产管理部门</td><td>李晓清</td><td>财务部门</td><td>何建明</td></tr>
</table>

---

| 中国建设银行支票存根（粤） | | 中国建设银行支票（粤） | | GS 01034121 |
|---|---|---|---|---|
| GS 01034121 | 付款期限自出票之日起十天 | 出票日期（大写）　年　月　日 | | 付款行名称： |
| 附加信息＿＿＿＿＿＿ | | 收款人： | | 出票人账号： |
| ＿＿＿＿＿＿＿＿＿＿ | | 人民币（大写） | | 千百十万千百十元角分 |
| 出票日期　年　月　日 | | | | |
| 收款人： | | 用途＿＿＿＿＿＿＿ | | 密码＿＿＿＿＿＿ |
| 金　额： | | 上列款项请从我账户内支付 出票人签章 | 广东桥心电器有限公司 财务专用章 | 行号＿＿＿＿＿＿ 陈乔欣 |
| 用　途： | | | | 复核　　记账 |
| 单位主管　会计 | | | | |

附加信息：

| 被背书人 | 被背书人 | （粘贴单处） | 根据《中华人民共和国票据法》等法律法规的规定，签发空头支票由中国人民银行处以票面金额 5% 但不低于 1 000 元的罚款。 |
|---|---|---|---|
| | | | |
| 背书人签章 年　月　日 | 背书人签章 年　月　日 | | |

三、经济业务

| 中国建设银行支票存根（粤） | | 中国建设银行支票（粤） | GS 01034122 |
|---|---|---|---|
| GS 01034122 | 付款期限自出票之日起十天 | 出票日期（大写）　　年　月　日　　付款行名称：<br>收款人：<br>人民币（大写）　　　　　　　千百十万千百十元角分<br><br>用途　　　　　　　　　　密码<br>上列款项请从我账户内支付　[广东桥心电器有限公司财务专用章]　行号<br>出票人签章　　　　　　　　[陈乔欣]　复核　　　记账 | |
| 附加信息 | | | |
| 出票日期　年　月　日 | | | |
| 收款人： | | | |
| 金　额： | | | |
| 用　途： | | | |
| 单位主管　　会计 | | | |

| 附加信息： | 被背书人 | 被背书人 | （粘贴单处） | 根据《中华人民共和国票据法》等法律法规的规定，签发空头支票由中国人民银行处以票面金额 5％ 但不低于 1 000元的罚款。 |
|---|---|---|---|---|
| | 背书人签章<br>年　月　日 | 背书人签章<br>年　月　日 | | |

| 中国建设银行支票存根（粤） | | 中国建设银行支票（粤） | GS 01034123 |
|---|---|---|---|
| GS 01034123 | 付款期限自出票之日起十天 | 出票日期（大写）　　年　月　日　　付款行名称：<br>收款人：<br>人民币（大写）　　　　　　　千百十万千百十元角分<br><br>用途　　　　　　　　　　密码<br>上列款项请从我账户内支付　[广东桥心电器有限公司财务专用章]　行号<br>出票人签章　　　　　　　　[陈乔欣]　复核　　　记账 | |
| 附加信息 | | | |
| 出票日期　年　月　日 | | | |
| 收款人： | | | |
| 金　额： | | | |
| 用　途： | | | |
| 单位主管　　会计 | | | |

| 附加信息： | 被背书人 | 被背书人 | （粘贴单处） | 根据《中华人民共和国票据法》等法律法规的规定，签发空头支票由中国人民银行处以票面金额 5％ 但不低于 1 000元的罚款。 |
|---|---|---|---|---|
| | 背书人签章<br>年　月　日 | 背书人签章<br>年　月　日 | | |

三、经济业务

(2) 12月4日,向广东惠欣电器有限公司销售电热壶3 000只,单价65元,考虑到采购量比较大,给予9.5折优惠,开出增值税专用发票,货款已收,如下所示。

4601041141　　　　　　广东增值税专用发票　　　　　　No 031131201

发票联　　　　开票日期:2019年12月04日

| 购买方 | 名　　　　称:广东惠欣电器有限公司 | | | | | 密码区 | (略) | | |
|---|---|---|---|---|---|---|---|---|---|
| | 纳税人识别号:440703535468026 | | | | | | | | |
| | 地　址、电　话:惠州市金山大道136号 89547586 | | | | | | | | |
| | 开户行及账号:惠州建行金山支行 71606969058 | | | | | | | | |
| 货物或应税劳务、服务名称 | | 规格型号 | 单位 | 数量 | 单价 | 金额 | | 税率 | 税额 |
| *家用电器*电热壶 | | | 只 | 3 000 | 61.75 | 185 250.00 | | 13% | 24 082.50 |
| 合　　　计 | | | | | | ￥185 250.00 | | | ￥24 082.50 |
| 价税合计(大写) | | ⊗贰拾万玖仟叁佰叁拾贰圆伍角整 | | | | | (小写)￥209 332.50 | | |
| 销售方 | 名　　　　称:广东桥心电器有限公司 | | | | | 备注 | | | |
| | 纳税人识别号:440703256268024 | | | | | | | | |
| | 地　址、电　话:惠州市仲恺大道248号 88327589 | | | | | | | | |
| | 开户行及账号:惠州市建行仲恺支行 71682674052 | | | | | | | | |

收款人:谢惠新　　复核:杨晓梅　　开票人:王耀林　　销售方:(章)

第三联:发票联　购买方记账凭证

4601041141　　　　　　广东增值税专用发票　　　　　　No 031131201

此联不作报销、扣税凭证使用　　开票日期:2019年12月04日

| 购买方 | 名　　　　称:广东惠欣电器有限公司 | | | | | 密码区 | (略) | | |
|---|---|---|---|---|---|---|---|---|---|
| | 纳税人识别号:440703535468026 | | | | | | | | |
| | 地　址、电　话:惠州市金山大道136号 89547586 | | | | | | | | |
| | 开户行及账号:惠州建行金山支行 71606969058 | | | | | | | | |
| 货物或应税劳务、服务名称 | | 规格型号 | 单位 | 数量 | 单价 | 金额 | | 税率 | 税额 |
| *家用电器*电热壶 | | | 只 | 3 000 | 61.75 | 185 250.00 | | 13% | 24 082.50 |
| 合　　　计 | | | | | | ￥185 250.00 | | | ￥24 082.50 |
| 价税合计(大写) | | ⊗贰拾万玖仟叁佰叁拾贰圆伍角整 | | | | | (小写)￥209 332.50 | | |
| 销售方 | 名　　　　称:广东桥心电器有限公司 | | | | | 备注 | | | |
| | 纳税人识别号:440703256268024 | | | | | | | | |
| | 地　址、电　话:惠州市仲恺大道248号 88327589 | | | | | | | | |
| | 开户行及账号:惠州市建行仲恺支行 71682674052 | | | | | | | | |

收款人:谢惠新　　复核:杨晓梅　　开票人:王耀林　　销售方:(章)

第一联:记账联　销售方记账凭证

## 产品出库单

2019年12月04日　　　　　　第01201号

| 产品名称 | 规　格 | 型　号 | 单　位 | 数　量 | 单位成本 | 金额(元) |
|---|---|---|---|---|---|---|
| 电热壶 | | | 只 | 3 000 | | |
| | | | | | | |

仓库主管:陈德明　　复核:杨晓梅　　发货:朱永材　　制单:梁晓芳

## 中国建设银行支票(粤)　　GS 32461201

出票日期(大写)贰零壹玖年壹拾贰月零肆日
收款人：广东桥心电器有限公司
付款行名称：惠州建行金山支行
出票人账号：71606969058

人民币(大写)贰拾万玖仟叁佰叁拾贰元伍角整　¥ 2 0 9 3 3 2 5 0

用途：支付货款

上列款项请从我账户内支付
出票人签章

广东惠欣电器有限公司财务专用章

陈金明

密码_____
行号_____
复核　　记账

付款期限自出票之日起十天

附加信息：

被背书人：　　　　　　　　　　　被背书人：

背书人签章　　　　　　　　　　　背书人签章
　年　月　日　　　　　　　　　　　年　月　日

---

## 中国建设银行进账单　（回　单）　　1

年　月　日

| 出票人 | 全称 | | 收款人 | 全称 | |
|---|---|---|---|---|---|
| | 账号 | | | 账号 | |
| | 开户银行 | | | 开户银行 | |
| 金额 | 人民币（大写） | | 亿 千 百 十 万 千 百 十 元 角 分 | | |
| | 票据种类 | | 票据张数 | | |
| | 票据号码 | | | | |
| | 复核　　记账 | | | 开户银行盖章 | |

此联是开户银行交给持（出）票人的回单

### 三、经济业务

(3) 12月4日,向惠州新文电器有限公司购买除湿器6台,交生产车间使用,采用五五摊销法摊销其成本,如下所示。

**4407841746**　　　　　广东增值税专用发票　　　　　No 265371247

发 票 联　　　　开票日期:2019年12月04日

| 购买方 | 名　　　　称:广东桥心电器有限公司<br>纳税人识别号:440703256268024<br>地　址、电　话:惠州市仲恺大道248号 88327589<br>开户行及账号:惠州市建行仲恺支行 71682674052 | 密码区 | (略) |
|---|---|---|---|

| 货物或应税劳务、服务名称 | 规格型号 | 单位 | 数量 | 单价 | 金额 | 税率 | 税额 |
|---|---|---|---|---|---|---|---|
| *空调产品*除湿器 | | 台 | 6 | 480.00 | 2 880.00 | 13% | 374.40 |
| 合　　　计 | | | | | ¥2 880.00 | | ¥374.40 |
| 价税合计(大写) | ⊗叁仟贰佰伍拾肆圆肆角整 | | | | (小写)¥3 254.40 | | |

| 销售方 | 名　　　　称:惠州新文电器有限公司<br>纳税人识别号:440173307267134<br>地　址、电　话:惠州市云山东路135号 88383127<br>开户行及账号:农行云山支行 71682674865 | 备注 | (发票专用章) |
|---|---|---|---|

收款人:　　　复核:　　　开票人:李晓林　　　销售方:(章)

第三联:发票联 购买方记账凭证

---

**中国建设银行支票存根(粤)**　　　　GS 01034124

附加信息 _____

_____

出票日期　　年　月　日

| 收款人: | |
| 金　额: | |
| 用　途: | |

单位主管　　　会计

---

**中国建设银行支票(粤)**　　　　GS 01034124

付款期限自出票之日起十天

出票日期(大写)　　年　月　日　　付款行名称:

收款人:　　　　　　　　　　出票人账号:

| 人民币<br>(大 写) | 千 | 百 | 十 | 万 | 千 | 百 | 十 | 元 | 角 | 分 |
|---|---|---|---|---|---|---|---|---|---|---|
| | | | | | | | | | | |

用途 _____　　　　密码 _____

上列款项请从我账户内支付　　　行号 _____

出票人签章　[广东桥心电器有限公司财务专用章]　[陈乔欣]　复核　　　记账

---

| 附加信息: | 被背书人 | 被背书人 |
|---|---|---|
| | | |
| | | |
| | 背书人签章<br>年　月　日 | 背书人签章<br>年　月　日 |

(粘贴单处)

根据《中华人民共和国票据法》等法律法规的规定,签发空头支票由中国人民银行处以票面金额5%但不低于1 000元的罚款。

三、经济业务

## 低值易耗品入库单

2019 年 12 月 04 日　　　　　　　　　　　　　　　　　　　　No：12101

| 名称及规格 | 单　位 | 入库数量 | 单　价 | 金额(元) |
|---|---|---|---|---|
| 除湿器 | 台 | 6 | 480.00 | 2 880.00 |

仓库主管：陈德明　　　　　　　验收：李怡华　　　　　　　收料：朱永材

## 低值易耗品出库单

用途：生产车间用　　　　　2019 年 12 月 04 日　　　　　　　　　　No：10301

| 名称及规格 | 单　位 | 请领数量 | 实发数量 | 单　价 | 金额(元) |
|---|---|---|---|---|---|
| 除湿器 | 台 | 6 | 6 | 480.00 | 2 880.00 |

仓库主管：陈德明　　复核：杨晓梅　　发货：朱永材　　制单：梁晓芳

## 低值易耗品摊销计算表

用途：生产车间用　　　　　2019 年 12 月 04 日　　　　　　　　　单位：元

| 名称及规格 | 单　位 | 数　量 | 待摊金额 | 本期摊销比例 | 摊销金额 |
|---|---|---|---|---|---|
| 除湿器 | 台 | 6 | 2 880.00 | 50% | 1 440.00 |

会计主管：何建明　　　　　　　会计：杨晓梅　　　　　　　制表：谢惠新

（4）12 月 5 日，向广东金程电器有限公司销售电饭锅 810 只，单价 165 元，开出增值税专用发票，货款未收，如下所示。

4601041141　　　　　　　**广东增值税专用发票**　　　　　　No 031131202

发票联　　　　　　　开票日期：　　年　月　日

| 购买方 | 名　　称： |  | 密码区 | (略) |  |  |
|---|---|---|---|---|---|---|
| | 纳税人识别号： | | | | | |
| | 地　址、电　话： | | | | | |
| | 开户行及账号： | | | | | |

| 货物或应税劳务、服务名称 | 规格型号 | 单位 | 数量 | 单价 | 金额 | 税率 | 税额 |
|---|---|---|---|---|---|---|---|
| | | | | | | | |
| 合　计 | | | | | | | |

价税合计（大写）　　⊗　　　　　　　　　　　（小写）

| 销售方 | 名　　称： |
|---|---|
| | 纳税人识别号： |
| | 地　址、电　话： |
| | 开户行及账号： |

备注：广东桥心电器有限公司　440703256268024　发票专用章

收款人：　　复核：杨晓梅　　开票人：王耀林　　销售方：(章)

第三联：发票联　购买方记账凭证

## 三、经济业务

**广东增值税专用发票**

4601041141　　　　　　　　　　　　　　　　　　　　　　　　　No 031131202

此联不作报销、扣税凭证使用　　开票日期：　年　月　日

| 购买方 | 名　　　称： | | | | | 密码区 | | （略） | | 第一联：记账联 销售方记账凭证 |
| --- | --- | --- | --- | --- | --- | --- | --- | --- | --- | --- |
| | 纳税人识别号： | | | | | | | | | |
| | 地　址、电　话： | | | | | | | | | |
| | 开户行及账号： | | | | | | | | | |
| 货物或应税劳务、服务名称 | | 规格型号 | 单位 | 数量 | 单价 | 金额 | | 税率 | 税额 | |
| | | | | | | | | | | |
| 合　　计 | | | | | | | | | | |
| 价税合计（大写） | | | ⊗ | | | | | （小写） | | |
| 销售方 | 名　　　称： | | | | | 备注 | | | | |
| | 纳税人识别号： | | | | | | | | | |
| | 地　址、电　话： | | | | | | | | | |
| | 开户行及账号： | | | | | | | | | |

收款人：　　　复核：杨晓梅　　　开票人：王耀林　　　销售方：（章）

## 产品出库单

2019年12月05日　　　　　　　　　　　　　　　第01202号

| 产品名称 | 规　格 | 型　号 | 单　位 | 数　量 | 单位成本 | 金额（元） |
| --- | --- | --- | --- | --- | --- | --- |
| 电饭锅 | | | 只 | 810 | | |
| | | | | | | |

仓库主管：陈德明　　　复核：杨晓梅　　　发货：朱永材　　　制单：梁晓芳

（5）12月6日，领用材料，投入4 000只电热壶、1 000只电饭锅生产，如下所示。

## 领　料　单

用途：生产电热壶　　　　2019年12月06日　　　　　领字第01201号

| 材料名称 | 规格型号 | 单　位 | 请领数量 | 实发数量 | 金额（元） |
| --- | --- | --- | --- | --- | --- |
| HDP 钢板 | | 千克 | 800 | 800 | |
| SEP 塑料 | | 千克 | 800 | 800 | |
| DRH 电路板 | | 块 | 4 000 | 4 000 | |

仓库主管：陈德明　　　复核：杨晓梅　　　发料：朱永材　　　制单：梁晓芳

## 领　料　单

用途：生产电饭锅　　　　2019年12月06日　　　　　领字第01202号

| 材料名称 | 规格型号 | 单　位 | 请领数量 | 实发数量 | 金额（元） |
| --- | --- | --- | --- | --- | --- |
| HDP 钢板 | | 千克 | 600 | 600 | |
| SEP 塑料 | | 千克 | 600 | 600 | |
| DFG 电路板 | | 块 | 1 000 | 1 000 | |

仓库主管：陈德明　　　复核：杨晓梅　　　发料：朱永材　　　制单：梁晓芳

三、经 济 业 务

(6) 12月7日,电热壶3 000只、电饭锅1 000只完工,验收合格入库,如下所示。

## 产成品入库单

2019 年 12 月 07 日　　　　　　　　　　　　　　　收字第 1201 号

| 产品名称 | 规格型号 | 单 位 | 应收数量 | 实收数量 | 金额(元) |
|---|---|---|---|---|---|
| 电热壶 |  | 只 | 3 000 | 3 000 |  |
| 电饭锅 |  | 只 | 1 000 | 1 000 |  |

仓库主管:陈德明　　　复核:朱永材　　　验收:李怡华　　　制单:梁晓芳

(7) 12月8日,本月5日销售给广东金程电器有限公司的电饭锅,其中有10只验收不合格,金程公司要求退货。经核查,公司同意退货,并办妥了相关手续,电饭锅已退回入库,如下所示。

## 销售退回审批单

2019 年 12 月 08 日　　　　　　　　　　　　　　　　　　　　单位:元

| 购买单位 | 广东金程电器有限公司 |  | 销售退回原因 | 其中 10 台不符合质量要求 |  |
|---|---|---|---|---|---|
| 商品名称 | 销售时间 | 销售数量 | 价税金额 | 退回价款 | 增值税额 |
| 电饭锅 | 2019.12.05 | 810 只 | 151 024.50 | 1 650.00 | 214.50 |
|  |  |  |  |  |  |
|  |  |  |  |  |  |
| 合　　计 | — | — | ¥151 024.50 | ¥1 650.00 | ¥214.50 |

会计主管:何建明　　　销售主管:王裕峰　　　制表:梁晓芳

## 开具红字增值税专用发票信息表

填开日期:2019 年 12 月 08 日

| 销售方 | 名　称 | 广东桥心电器有限公司 | 购买方 | 名　称 | 广东金程电器有限公司 |  |
|---|---|---|---|---|---|---|
|  | 纳税人识别号 | 440703256268024 |  | 纳税人识别号 | 440718925468024 |  |
| 开具红字专用发票内容 | 货物(劳务服务)名称 | 数量 | 单价 | 金额 | 税率 | 税额 |
|  | 电饭锅 | 10 | 165.00 | 1 650.00 | 13% | 214.50 |
|  |  |  |  |  |  |  |
|  |  |  |  |  |  |  |
|  | 合　计 | — | — | ¥1 650.00 |  | ¥214.50 |
| 说明 | 一、购买方□<br>对应蓝字专用发票抵扣增值税销项税额情况:<br>1. 已抵扣□<br>2. 未抵扣□<br>对应蓝字专用发票的代码:_____　号码:_____<br>二、销售方☑<br>对应蓝字专用发票的代码:4601041141　　号码:031131202 |  |  |  |  |  |
| 红字专用发票信息表编号 | 031131203 |  |  |  |  |  |

三、经济业务

4601041141　　　　　　　　广东增值税专用发票　　　　　　No 031131203

发票联　　开票日期：2019 年 12 月 08 日

| 购买方 | 名　　称：广东金程电器有限公司<br>纳税人识别号：440718925468024<br>地　址、电　话：惠州市惠南大道 215 号 88247598<br>开户行及账号：惠州农行惠南支行 71235469056 | 密码区 | （略） |
|---|---|---|---|

| 货物或应税劳务、服务名称 | 规格型号 | 单位 | 数量 | 单价 | 金额 | 税率 | 税额 |
|---|---|---|---|---|---|---|---|
| *家用厨房电器具*电饭锅 | | 只 | −10 | 165.00 | −1 650.00 | 13% | −214.50 |
| 合　　　计 | | | | | ￥−1 650.00 | | ￥−214.50 |

| 价税合计（大写） | ⊗壹仟捌佰陆拾肆圆伍角整（负数） | （小写）￥−1 864.50 |
|---|---|---|

| 销售方 | 名　　称：广东桥心电器有限公司<br>纳税人识别号：440703256268024<br>地　址、电　话：惠州市仲恺大道 248 号 88327589<br>开户行及账号：惠州市建行仲恺支行 71682674052 | 备注 | 广东桥心电器有限公司<br>440703256268024<br>发票专用章 |
|---|---|---|---|

收款人：　　　复核：杨晓梅　　　开票人：王耀林　　　销售方：(章)

第三联：发票联　购买方记账凭证

---

4601041141　　　　　　　　广东增值税专用发票　　　　　　No 031131203

此联不作报销、扣税凭证使用　　开票日期：2019 年 12 月 08 日

| 购买方 | 名　　称：广东金程电器有限公司<br>纳税人识别号：440718925468024<br>地　址、电　话：惠州市惠南大道 215 号 88247598<br>开户行及账号：惠州农行惠南支行 71235469056 | 密码区 | （略） |
|---|---|---|---|

| 货物或应税劳务、服务名称 | 规格型号 | 单位 | 数量 | 单价 | 金额 | 税率 | 税额 |
|---|---|---|---|---|---|---|---|
| *家用厨房电器具*电饭锅 | | 只 | −10 | 165.00 | −1 650.00 | 13% | −214.50 |
| 合　　　计 | | | | | ￥−1 650.00 | | ￥−214.50 |

| 价税合计（大写） | ⊗壹仟捌佰陆拾肆圆伍角整（负数） | （小写）￥−1 864.50 |
|---|---|---|

| 销售方 | 名　　称：广东桥心电器有限公司<br>纳税人识别号：440703256268024<br>地　址、电　话：惠州市仲恺大道 248 号 88327589<br>开户行及账号：惠州市建行仲恺支行 71682674052 | 备注 | |
|---|---|---|---|

收款人：　　　复核：杨晓梅　　　开票人：王耀林　　　销售方：(章)

第一联：记账联　销售方记账凭证

---

## 退回产品入库单

2019 年 12 月 08 日　　　　　　第 01041 号

| 产品名称 | 规　格 | 型　号 | 单位 | 数　量 | 单位成本 | 金额（元） |
|---|---|---|---|---|---|---|
| 电饭锅 | | | 只 | 10 | | |

仓库主管：陈德明　　　复核：朱永材　　　验收：李怡华　　　制单：梁晓芳

(8) 12月8日,收到广东金程电器有限公司本月5日合格电饭锅的销售款,如下所示。

## 中国农业银行支票(粤)

GS 13353236

出票日期(大写)贰零壹玖年壹拾贰月零捌日
付款行名称:惠州农行惠南支行
收款人:广东桥心电器有限公司
出票人账号:71235469056

| 人民币<br>(大写) | 壹拾肆万玖仟壹佰陆拾元整 | 千 | 百 | 十 | 万 | 千 | 百 | 十 | 元 | 角 | 分 |
|---|---|---|---|---|---|---|---|---|---|---|---|
| | | | ¥ | 1 | 4 | 9 | 1 | 6 | 0 | 0 | 0 |

付款期限自出票之日起十天

用途  支付货款

上列款项请从
我账户内支付
出票人签章

广东金程
电器有限
公司财务
专用章

程建源

密码＿＿＿＿＿＿＿＿＿＿
行号＿＿＿＿＿＿＿＿＿＿

复核        记账

附加信息:

被背书人:

背书人签章
年 月 日

被背书人:

背书人签章
年 月 日

### 中国建设银行进账单　(回　单)　　1

年　月　日

| 出票人 | 全　称 | | 收款人 | 全　称 | | 亿 | 千 | 百 | 十 | 万 | 千 | 百 | 十 | 元 | 角 | 分 |
|---|---|---|---|---|---|---|---|---|---|---|---|---|---|---|---|---|
| | 账　号 | | | 账　号 | | | | | | | | | | | | |
| | 开户银行 | | | 开户银行 | | | | | | | | | | | | |
| 金额 | 人民币<br>(大写) | | | | | | | | | | | | | | | |
| 票据种类 | | 票据张数 | | | | | | | | | | | | | | |
| 票据号码 | | | | | | | | | | | | | | | | |
| 复核        记账 | | | | 开户银行盖章 | | | | | | | | | | | | |

此联是开户银行交给持(出)票人的回单

(9) 12月8日，购买复印纸，交生产车间使用，以现金给付，如下所示。

## 广东增值税普通发票

4417641746　　　　　　　　　发票联　　　　　　　　　No 364261565
开票日期：2019 年 12 月 08 日

| 购买方 | 名　　称：广东桥心电器有限公司<br>纳税人识别号：440703256268024<br>地　址、电　话：惠州市仲恺大道 248 号 88327589<br>开户行及账号：惠州市建行仲恺支行 71682674052 | 密码区 | （略） |
|---|---|---|---|

| 货物或应税劳务、服务名称 | 规格型号 | 单位 | 数量 | 单价 | 金额 | 税率 | 税额 |
|---|---|---|---|---|---|---|---|
| *纸制品*复印纸 |  | 包 | 30 | 20.00 | 600.00 | 3% | 18.00 |
| 合　　计 |  |  |  |  | ¥600.00 |  | ¥18.00 |

| 价税合计（大写） | ⊗陆佰壹拾捌圆整 | （小写）¥618.00 |
|---|---|---|

| 销售方 | 名　　称：惠州新新文化用品公司<br>纳税人识别号：440703443246024<br>地　址、电　话：惠州市新联路 96 号 86669852<br>开户行及账号：惠州建行新联支行 71987313156 | 备注 | （惠州新新文化用品公司<br>440703443246024<br>发票专用章） |
|---|---|---|---|

收款人：　　　复核：　　　开票人：肖联新　　　销售方：（章）

## 费用报销单

2019 年 12 月 08 日

| 报销部门 | 生产车间 | 报销人 | 陈惠 |
|---|---|---|---|
| 费用项目 | 单据张数 | 金额（元） | 备注 |
| 复印纸 | 1 | 618.00 | 现金付讫 |
|  |  |  |  |
| 合计 |  | ¥618.00 |  |

金额（大写）人民币陆佰壹拾捌元整

| 单位领导审批：同意　　　陈乔欣 | 部门主管审批：同意　　　聂源珍 |
|---|---|

会计主管：何建明　　　复核：杨晓梅　　　出纳：谢惠新

(10) 12 月 8 日，向广东省惠州市慈善总会捐款 20 000 元，如下所示。

## 广东省接受社会捐赠专用收据

2019 年 12 月 08 日

| 捐赠者 | 广东桥心电器有限公司 | 货币种类 | 人民币 |
|---|---|---|---|
| 捐赠项目 | 货币捐款 |  |  |

| 项目（现款或实物） | 单位 | 规格 | 数量 | 单价 | 金额（元） |
|---|---|---|---|---|---|
| 现款 |  |  |  |  | 20 000.00 |
|  |  |  |  |  |  |
|  |  |  |  |  |  |
|  |  |  |  |  |  |
| 合计（大写） | ⊗佰⊗拾贰万零仟零佰零拾零元零角零分（¥20 000.00） |  |  |  |  |

收款人：陈燕纯　　　开票人：张丽丽　　　收费单位（盖章）：

三、经济业务

## 中国建设银行支票存根(粤)
GS 01034125

附加信息 _____
_____

出票日期　年　月　日

| 收款人： | |
| --- | --- |
| 金　额： | |
| 用　途： | |

单位主管　　会计

## 中国建设银行支票(粤)
GS 01034125

出票日期(大写)　年　月　日　　付款行名称：_____

收款人：_____　　出票人账号：

人民币(大写)　　| 千 | 百 | 十 | 万 | 千 | 百 | 十 | 元 | 角 | 分 |

用途 _____　　密码 _____

上列款项请从我账户内支付　　行号 _____

出票人签章　　　[广东桥心电器有限公司财务专用章]　[陈乔欣]

　　　　　　　复核　　　　记账

付款期限自出票之日起十天

附加信息：

| 被背书人 | 被背书人 |
| --- | --- |
| | |
| | |
| 背书人签章 年 月 日 | 背书人签章 年 月 日 |

（粘贴单处）

根据《中华人民共和国票据法》等法律法规的规定，签发空头支票由中国人民银行处以票面金额 5% 但不低于 1 000 元的罚款。

(11) 12 月 11 日，根据合同向广东海天电器有限公司销售电热壶 2 000 只，单价 65 元；电饭锅 1 000 只，单价 160 元，开出增值税专用发票。合同约定，按不含税价款提供现金折扣，现金折扣条件为(2/10,1/20,n/30)，如下所示。

4601041141

## 广东增值税专用发票
发票联

No 031131204

开票日期：2019 年 12 月 11 日

| 购买方 | 名　称：广东海天电器有限公司<br>纳税人识别号：440103564568023<br>地 址、电 话：广州市中山大道 272 号 89937584<br>开户行及账号：广州工行新华支行 11634813054 | 密码区 | （略） |
| --- | --- | --- | --- |

| 货物或应税劳务、服务名称 | 规格型号 | 单位 | 数量 | 单价 | 金额 | 税率 | 税额 |
| --- | --- | --- | --- | --- | --- | --- | --- |
| *家用电器*电热壶 | | 只 | 2 000 | 65.00 | 130 000.00 | 13% | 16 900.00 |
| *家用厨房电器具*电饭锅 | | 只 | 1 000 | 160.00 | 160 000.00 | 13% | 20 800.00 |
| 合　　　计 | | | | | ¥290 000.00 | | ¥37 700.00 |

| 价税合计(大写) | ⊗叁拾贰万柒仟柒佰圆整 | （小写）¥327 700.00 |
| --- | --- | --- |

| 销售方 | 名　称：广东桥心电器有限公司<br>纳税人识别号：440703256268024<br>地 址、电 话：惠州市仲恺大道 248 号 88327589<br>开户行及账号：惠州市建行仲恺支行 71682674052 | 备注 | [广东桥心电器有限公司 440703256268024 发票专用章] |
| --- | --- | --- | --- |

收款人：　　复核：杨晓梅　　开票人：王耀林　　销售方：(章)

第三联：发票联　购买方记账凭证

## 三、经济业务

4601041141　　　　　　广东增值税专用发票　　　　　　No 031131204
此联不作报销、扣税凭证使用
开票日期：2019 年 12 月 11 日

| 购买方 | 名　称：广东海天电器有限公司<br>纳税人识别号：440103564568023<br>地　址、电　话：广州市中山大道 272 号 89937584<br>开户行及账号：广州工行新华支行 11634813054 | 密码区 | （略） |
|---|---|---|---|

| 货物或应税劳务、服务名称 | 规格型号 | 单位 | 数量 | 单价 | 金额 | 税率 | 税额 |
|---|---|---|---|---|---|---|---|
| *家用电器*电热壶 | | 只 | 2 000 | 65.00 | 130 000.00 | 13% | 16 900.00 |
| *家用厨房电器具*电饭锅 | | 只 | 1 000 | 160.00 | 160 000.00 | 13% | 20 800.00 |
| 合　计 | | | | | ¥290 000.00 | | ¥37 700.00 |

| 价税合计（大写） | ⊗叁拾贰万柒仟柒佰圆整 | （小写）¥327 700.00 |
|---|---|---|

| 销售方 | 名　称：广东桥心电器有限公司<br>纳税人识别号：440703256268024<br>地　址、电　话：惠州市仲恺大道 248 号 88327589<br>开户行及账号：惠州市建行仲恺支行 71682674052 | 备注 | |
|---|---|---|---|

收款人：　　　复核：杨晓梅　　　开票人：王耀林　　　销售方：（章）

第一联：记账联　销售方记账凭证

### 产品出库单
2019 年 12 月 11 日　　　　第 01203 号

| 产品名称 | 规　格 | 型　号 | 单　位 | 数　量 | 单位成本 | 金额（元） |
|---|---|---|---|---|---|---|
| 电热壶 | | | 只 | 2 000 | | |
| 电饭锅 | | | 只 | 1 000 | | |

仓库主管：陈德明　　　复核：杨晓梅　　　发货：朱永材　　　制单：梁晓芳

（12）12 月 11 日，向广东福林科技有限公司采购 DFG 电路板一批，收到增值税专用发票，DFG 电路板验收合格入库，款项已付，如下所示。

4401283233　　　　　　广东增值税专用发票　　　　　　No 214263212
发票联
开票日期：2019 年 12 月 11 日

| 购买方 | 名　称：广东桥心电器有限公司<br>纳税人识别号：440703256268024<br>地　址、电　话：惠州市仲恺大道 248 号 88327589<br>开户行及账号：惠州市建行仲恺支行 71682674052 | 密码区 | （略） |
|---|---|---|---|

| 货物或应税劳务、服务名称 | 规格型号 | 单位 | 数量 | 单价 | 金额 | 税率 | 税额 |
|---|---|---|---|---|---|---|---|
| *印制电路板*DFG 电路板 | | 块 | 2 000 | 50.00 | 100 000.00 | 13% | 13 000.00 |
| 合　计 | | | | | ¥100 000.00 | | ¥13 000.00 |

| 价税合计（大写） | ⊗壹拾壹万叁仟圆整 | （小写）¥113 000.00 |
|---|---|---|

| 销售方 | 名　称：广东福林科技有限公司<br>纳税人识别号：440105307268034<br>地　址、电　话：广州市芳村大道 52 号 83682585<br>开户行及账号：广州工行芳村支行 12629413054 | 备注 | 广东福林科技有限公司<br>440105307268034<br>发票专用章 |
|---|---|---|---|

收款人：　　　复核：　　　开票人：陈祁林　　　销售方：（章）

第三联：发票联　购买方记账凭证

## 电汇凭证(回单) 1　　No 016543501

第021401号　　委托日期　年 月 日

| 汇款人 | 全 称 | | | | 收款人 | 全 称 | | | |
|---|---|---|---|---|---|---|---|---|---|
| | 账 号或住址 | | | | | 账 号或住址 | | | |
| | 汇出地点 | | 汇出行名 称 | | | 汇入地点 | | 汇入行名 称 | |
| 金额 | 人民币（大写） | | | | 千百十万千百十元角分 | | | | |
| 汇款用途： | | | | | | | | | |
| 上列款项已根据委托办理，如需查询，请持此回单来行面谈 | | | | | | | | | |

（汇出行盖章）2019.12.11　中国建设银行股份有限公司 惠州仲恺支行

此联为汇款人汇款回单

## 收 料 单

2019年12月11日　　　　　　收字第1201号

| 材料名称 | 规格型号 | 单 位 | 应收数量 | 实收数量 | 金额（元） |
|---|---|---|---|---|---|
| DFG 电路板 | | 块 | 2 000 | 2 000 | 100 000.00 |
| | | | | | |

仓库主管：陈德明　　　　验收：李怡华　　　　收料：朱永材

（13）12月11日，收到银行转来收账通知，系上海西楚电器有限公司的销售货款，如下所示。

## 电汇凭证(收账通知) 4　　No 003245846

第024386号　　委托日期 2019年12月11日

| 汇款人 | 全 称 | 上海西楚电器有限公司 | | | 收款人 | 全 称 | 广东桥心电器有限公司 | | |
|---|---|---|---|---|---|---|---|---|---|
| | 账 号或住址 | 98346469287 | | | | 账 号或住址 | 71682674052 | | |
| | 汇出地点 | 上海浦东 | 汇出行名 称 | 浦发银行申江支行 | | 汇入地点 | 广东惠州 | 汇入行名 称 | 建行仲恺支行 |
| 金额 | 人民币（大写） | 贰拾柒万贰仟玖佰陆拾贰元捌角整 | | | 千百十万千百十元角分 ￥ 2 7 2 9 6 2 8 0 | | | | |
| 汇款用途：支付货款 | | | | | | | | | |
| 上列款项已根据委托办理，如需查询，请持此回单来行面谈 | | | | | | | | | |

（汇入行盖章）2019.12.11　中国建设银行股份有限公司 惠州仲恺支行

此联为收款人收账通知

（14）12月12日，向广东利源电子有限公司采购 DRH 电路板一批，收到增值税专用发票，款项已付，DRH 电路板验收合格入库，如下所示。

## 三、经济业务

**4407541253**

### 广东增值税专用发票

发票联

No 346073372

开票日期：2019 年 12 月 12 日

| 购买方 | 名　　　称：广东桥心电器有限公司<br>纳税人识别号：440703256268024<br>地　址、电　话：惠州市仲恺大道 248 号 88327589<br>开户行及账号：惠州市建行仲恺支行 71682674052 | 密码区 | （略） |
|---|---|---|---|

| 货物或应税劳务、服务名称 | 规格型号 | 单位 | 数量 | 单价 | 金额 | 税率 | 税额 |
|---|---|---|---|---|---|---|---|
| *印制电路板 * DRH 电路板 | | 块 | 6 000 | 12.00 | 72 000.00 | 13% | 9 360.00 |
| 合　　计 | | | | | ￥72 000.00 | | ￥9 360.00 |

| 价税合计（大写） | ⊗捌万壹仟叁佰陆拾圆整 | （小写）￥81 360.00 |
|---|---|---|

| 销售方 | 名　　　称：广东利源电子有限公司<br>纳税人识别号：440702498268020<br>地　址、电　话：惠州市金山大道 120 号 86682584<br>开户行及账号：惠州农行金山支行 71682543357 | 备注 | （广东利源电子有限公司<br>440702498268020<br>发票专用章） |
|---|---|---|---|

收款人：　　　　复核：　　　　开票人：郑志源　　　　销售方：（章）

### 收 料 单

2019 年 12 月 12 日　　　　收字第 1202 号

| 材料名称 | 规格型号 | 单位 | 应收数量 | 实收数量 | 金额（元） |
|---|---|---|---|---|---|
| DRH 电路板 | | 块 | 6 000 | 6 000 | 72 000.00 |
| | | | | | |

仓库主管：陈德明　　　　验收：李怡华　　　　收料：朱永材

---

**中国建设银行支票存根（粤）**

GS 01034126

附加信息 _____

_____

出票日期　　年　月　日

收款人：

金　额：

用　途：

单位主管　　　会计

---

**中国建设银行支票（粤）**　　　GS 01034126

出票日期（大写）　　年　月　日　　付款行名称：

收款人：　　　　　　　　　　　出票人账号：

人民币（大写）　　　　　　| 千 | 百 | 十 | 万 | 千 | 百 | 十 | 元 | 角 | 分 |

用途：　　　　　　　　　　密码 _____

上列款项请从我账户内支付　　行号 _____

出票人签章　[广东桥心电器有限公司财务专用章]　[陈乔欣]　复核　　记账

付款期限自出票之日起十天

---

附加信息：

| | 被背书人 | 被背书人 |
|---|---|---|
| | | |
| | 背书人签章<br>年　月　日 | 背书人签章<br>年　月　日 |

（粘贴单处）

根据《中华人民共和国票据法》等法律法规的规定，签发空头支票由中国人民银行处以票面金额 5% 但不低于 1 000 元的罚款。

(15) 12月13日,根据合同向深圳佳缘电器有限公司销售电热壶3 000只,单价62元,开出增值税专用发票,货款已收到,如下所示。

**广东增值税专用发票**

4601041141　　　　　　发票联　　　　　　No 031131205

开票日期：　年　月　日

| 购买方 | 名　　称：<br>纳税人识别号：<br>地　址、电　话：<br>开户行及账号： | | | | 密码区 | (略) | | |
|---|---|---|---|---|---|---|---|---|
| 货物或应税劳务、服务名称 | 规格型号 | 单位 | 数量 | 单价 | 金额 | | 税率 | 税额 |
| 合　　计 | | | | | | | | |
| 价税合计(大写) | ⊗ | | | | | (小写) | | |
| 销售方 | 名　　称：<br>纳税人识别号：<br>地　址、电　话：<br>开户行及账号： | | | | 备注 | 广东桥心电器有限公司<br>440703256268024<br>发票专用章 | | |

收款人：　　　复核：杨晓梅　　　开票人：王耀林　　　销售方：(章)

第三联：发票联　购买方记账凭证

---

**广东增值税专用发票**

4601041141　　　此联不作报销、扣税凭证使用　　　No 031131205

开票日期：　年　月　日

| 购买方 | 名　　称：<br>纳税人识别号：<br>地　址、电　话：<br>开户行及账号： | | | | 密码区 | (略) | | |
|---|---|---|---|---|---|---|---|---|
| 货物或应税劳务、服务名称 | 规格型号 | 单位 | 数量 | 单价 | 金额 | | 税率 | 税额 |
| 合　　计 | | | | | | | | |
| 价税合计(大写) | ⊗ | | | | | (小写) | | |
| 销售方 | 名　　称：<br>纳税人识别号：<br>地　址、电　话：<br>开户行及账号： | | | | 备注 | | | |

收款人：　　　复核：杨晓梅　　　开票人：王耀林　　　销售方：(章)

第一联：记账联　销售方记账凭证

---

**产品出库单**

2019年12月13日　　　　　　　　　　第01204号

| 产品名称 | 规　格 | 型　号 | 单　位 | 数　量 | 单位成本 | 金额(元) |
|---|---|---|---|---|---|---|
| 电热壶 | | | 只 | 3 000 | | |
| | | | | | | |

仓库主管：陈德明　　复核：杨晓梅　　发货：朱永材　　制单：梁晓芳

三、经济业务

## 电汇凭证（收账通知） 4   No 006845364

第 041163 号　　　　　　　　　　　　　　　　委托日期　2019 年 12 月 13 日

| 汇款人 | 全 称 | 深圳佳缘电器有限公司 | | | 收款人 | 全 称 | 广东桥心电器有限公司 | | | 此联为收款人收账通知 |
|---|---|---|---|---|---|---|---|---|---|---|
| | 账号或住址 | 21934783058 | | | | 账号或住址 | 71682674052 | | | |
| | 汇出地点 | 广东深圳 | 汇出行名称 | 工行怡景支行 | | 汇入地点 | 广东惠州 | 汇入行名称 | 建行仲恺支行 | |
| 金额 | 人民币（大写） | 贰拾壹万零壹佰捌拾元整 | | | | | ¥210180.00 | | | |
| 汇款用途：支付货款 | | | | | | | | | | |
| 上列款项已根据委托办理，如需查询，请持此回单来行面谈 | | | | | | 2019.12.13 办讫章 (2)（汇入行盖章） | | | | |

---

（16）12 月 14 日，向广东华新钢材有限公司采购 HDP 钢板一批，收到增值税专用发票，款项已付，钢板已验收入库，如下所示。

**4408241741**　　　　　　　　广东增值税专用发票　　　　No 421061583

发票联　　　　　　开票日期：2019 年 12 月 14 日

| 购买方 | 名　　　称：广东桥心电器有限公司<br>纳税人识别号：440703256268024<br>地 址、电 话：惠州市仲恺大道 248 号 88327589<br>开户行及账号：惠州市建行仲恺支行 71682674052 | 密码区 | （略） | 第三联：发票联　购买方记账凭证 |
|---|---|---|---|---|
| 货物或应税劳务、服务名称 | 规格型号 | 单位 | 数量 | 单价 | 金额 | 税率 | 税额 |
| *黑色金属冶炼压延品* HDP 钢板 | | 千克 | 5 000 | 13.60 | 68 000.00 | 13% | 8 840.00 |
| 合　　计 | | | | | ¥68 000.00 | | ¥8 840.00 |
| 价税合计（大写） | ⊗柒万陆仟捌佰肆拾圆整 | | | | （小写）¥76 840.00 | | |
| 销售方 | 名　　　称：广东华新钢材有限公司<br>纳税人识别号：440703568268026<br>地 址、电 话：惠州市惠南大道 96 号 86637584<br>开户行及账号：惠州建行惠南支行 71606313052 | 备注 | 广东华新钢材有限公司<br>440703568268026<br>发票专用章 | |

收款人：　　　复核：李立华　　　开票人：陈红娜　　　销售方：（章）

## 收料单

2019 年 12 月 14 日　　　　　　　　　　　　　　收字第 1203 号

| 材料名称 | 规格型号 | 单 位 | 应收数量 | 实收数量 | 金额（元） |
|---|---|---|---|---|---|
| HDP 钢板 | | 千克 | 5 000 | 5 000 | 68 000.00 |
| | | | | | |

仓库主管：陈德明　　　　　　验收：李怡华　　　　　　收料：朱永材

## 三、经济业务

| 中国建设银行支票存根(粤) | | 中国建设银行支票(粤) | GS 01034127 |
|---|---|---|---|
| GS 01034127 | | 出票日期(大写)　年　月　日　付款行名称： | |
| 附加信息＿＿＿＿＿＿＿ | 付款期限自出票之日起十天 | 收款人：　　　　　　　　出票人账号： | |
| ＿＿＿＿＿＿＿＿＿＿＿ | | 人民币（大写）　　　千百十万千百十元角分 | |
| 出票日期　年　月　日 | | | |
| 收款人： | | 用途＿＿＿＿＿＿　密码＿＿＿＿＿＿ | |
| 金　额： | | 上列款项请从我账户内支付　[广东桥心电器有限公司财务专用章]　行号＿＿＿＿＿＿ | |
| 用　途： | | 出票人签章　　　　　　　　[陈乔欣] | |
| 单位主管　会计 | | 　　　　　　　　　　　　复核　　记账 | |

附加信息：　被背书人　　　　被背书人

（粘贴单处）

背书人签章　　　背书人签章
　年　月　日　　　年　月　日

根据《中华人民共和国票据法》等法律法规的规定，签发空头支票由中国人民银行处以票面金额 5% 但不低于 1 000 元的罚款。

(17) 12月15日，上缴11月未交增值税、附加税费以及预缴企业所得税，如下所示。

## 惠州市电子缴税系统回单

纳税人名称：广东桥心电器有限公司　　　　　　　　纳税人编号：440703256268024

| 付款人名称 | 广东桥心电器有限公司 | 收款人名称 | 惠州市税务局 |
|---|---|---|---|
| 付款人账号 | 71682674052 | 收款人账号 | 71693665075 |
| 付款人开户行 | 惠州市建行仲恺支行 | 收款人开户行 | 国家金库惠州支库 |
| 款项内容 | 代扣(国税)税款 | 电子税票号 | 013266556 |
| 税种 | 所属期 | 纳税金额 | 备注 |
| 增值税 | 2019.11.01～2019.11.30 | 82 035.05 | [中国建设银行股份有限公司惠州仲恺支行 2019.12.15 办讫章] (2) |
| | | | |
| | | | |
| 合　计 | — | ¥82 035.05 | |
| 人民币(大写) 捌万贰仟零叁拾伍元零伍分 | | | |

经办：　　　　　　复核：　　　　　　　　　　　　　　　　　　打印日期：2019.12.15

## 惠州市电子缴税系统回单

纳税人名称：广东桥心电器有限公司　　　　　　　　　　纳税人编号：440703256268024

| 付款人名称 | 广东桥心电器有限公司 | 收款人名称 | 惠州市税务局 |
|---|---|---|---|
| 付款人账号 | 71682674052 | 收款人账号 | 71682165072 |
| 付款人开户行 | 惠州市建行仲恺支行 | 收款人开户行 | 国家金库惠州支库 |
| 款项内容 | 代扣（地税）税款 | 电子税票号 | 013266573 |
| 税种 | 所属期 | 纳税金额 | 备注 |
| 城市维护建设税 | 2019.11.01~2019.11.30 | 5 742.45 | |
| 教育费附加 | 2019.11.01~2019.11.30 | 2 461.05 | 中国建设银行股份有限公司 惠州仲恺支行 2019.12.15 办讫章 (2) |
| 地方教育费附加 | 2019.11.01~2019.11.30 | 1 640.70 | |
| 堤围防护费 | 2019.11.01~2019.11.30 | 837.91 | |
| 印花税 | 2019.11.01~2019.11.30 | 349.13 | |
| 个人所得税 | 2019.11.01~2019.11.30 | 1 172.82 | |
| 合　计 | — | ￥12 204.06 | |
| 人民币（大写）壹万贰仟贰佰零肆元零陆分 | | | |

经办：　　　　　复核：　　　　　　　　　　　　　　　打印日期：2019.12.15

## 惠州市电子缴税系统回单

纳税人名称：广东桥心电器有限公司　　　　　　　　　　纳税人编号：440703256268024

| 付款人名称 | 广东桥心电器有限公司 | 收款人名称 | 惠州市税务局 |
|---|---|---|---|
| 付款人账号 | 71682674052 | 收款人账号 | 71693665075 |
| 付款人开户行 | 惠州市建行仲恺支行 | 收款人开户行 | 国家金库惠州支库 |
| 款项内容 | 代扣（国税）税款 | 电子税票号 | 013266574 |
| 税种 | 所属期 | 纳税金额 | 备注 |
| 企业所得税 | 2019.11.01~2019.11.30 | 38 576.92 | 中国建设银行股份有限公司 惠州仲恺支行 2019.12.15 办讫章 (2) |
| | | | |
| | | | |
| 合　计 | — | ￥38 576.92 | |
| 人民币（大写）叁万捌仟伍佰柒拾陆元玖角贰分 | | | |

经办：　　　　　复核：　　　　　　　　　　　　　　　打印日期：2019.12.15

（18）12月15日，向广东新怡塑料有限公司采购SEP塑料一批，收到增值税专用发票，款项已付，SEP塑料验收合格入库，如下所示。

## 三、经济业务

4406541741

**广东增值税专用发票**

发票联

No 341062732

开票日期:2019 年 12 月 15 日

| 购买方 | 名　　　　称:广东桥心电器有限公司<br>纳税人识别号:440703256268024<br>地　址、电　话:惠州市仲恺大道 248 号 88327589<br>开户行及账号:惠州市建行仲恺支行 71682674052 | 密码区 | （略） |

| 货物或应税劳务、服务名称 | 规格型号 | 单位 | 数量 | 单价 | 金额 | 税率 | 税额 |
|---|---|---|---|---|---|---|---|
| *塑料制品*SEP 塑料 | | 千克 | 3 000 | 11.60 | 34 800.00 | 13% | 4 524.00 |
| 合　　计 | | | | | ￥34 800.00 | | ￥4 524.00 |

| 价税合计(大写) | ⊗叁万玖仟叁佰贰拾肆圆整　　　　　(小写)￥39 324.00 |

| 销售方 | 名　　　　称:广东新怡塑料有限公司<br>纳税人识别号:440703285268026<br>地　址、电　话:惠州市仲恺大道 19 号 89937587<br>开户行及账号:惠州工行仲恺支行 71606913123 | 备注 | （广东新怡塑料有限公司<br>440703285268026<br>发票专用章） |

收款人:张泽林　　　复核:李立华　　　开票人:陈红娜　　　销售方:(章)

第三联:发票联　购买方记账凭证

## 收　料　单

2019 年 12 月 15 日　　　　收字第 1204 号

| 材料名称 | 规格型号 | 单　位 | 应收数量 | 实收数量 | 金额(元) |
|---|---|---|---|---|---|
| SEP 塑料 | | 千克 | 3 000 | 3 000 | 34 800.00 |
| | | | | | |

仓库主管:陈德明　　　　验收:李怡华　　　　收料:朱永材

---

**中国建设银行支票存根(粤)**

GS 01034128

附加信息＿＿＿＿＿＿＿＿
＿＿＿＿＿＿＿＿＿＿＿＿

出票日期　年　月　日

收款人:
金　额:
用　途:

单位主管　　会计

**中国建设银行支票(粤)**　　　　GS 01034128

付款期限自出票之日起十天

出票日期(大写)　年　月　日　　付款行名称:
收款人:　　　　　　　　　　　出票人账号:

| 人民币<br>(大 写) | 千 | 百 | 十 | 万 | 千 | 百 | 十 | 元 | 角 | 分 |

用途＿＿＿＿＿＿　　　　密码＿＿＿＿＿＿＿＿

上列款项请从我账户内支付　　行号＿＿＿＿＿＿＿＿
出票人签章
　　（广东桥心电器有限公司财务专用章）　陈乔欣　　复核　　　记账

---

| 附加信息: | 被背书人 | 被背书人 | （粘贴单处） | 根据《中华人民共和国票据法》等法律法规的规定,签发空头支票由中国人民银行处以票面金额 5% 但不低于 1 000 元的罚款。 |
|---|---|---|---|---|
| | 背书人签章<br>年　月　日 | 背书人签章<br>年　月　日 | | |

(19) 12月18日，领用材料，投入6 000只电热壶、2 000只电饭锅生产，如下所示。

## 领 料 单

用途：生产电热壶　　　　　2019年12月18日　　　　　　　　领字第01203号

| 材料名称 | 规格型号 | 单 位 | 请领数量 | 实发数量 | 金额(元) |
|---|---|---|---|---|---|
| HDP 钢板 |  | 千克 | 1 200 | 1 200 |  |
| SEP 塑料 |  | 千克 | 1 200 | 1 200 |  |
| DRH 电路板 |  | 块 | 6 000 | 6 000 |  |

仓库主管：陈德明　　　复核：杨晓梅　　　发料：朱永材　　　制单：梁晓芳

## 领 料 单

用途：生产电饭锅　　　　　2019年12月18日　　　　　　　　领字第01204号

| 材料名称 | 规格型号 | 单 位 | 请领数量 | 实发数量 | 金额(元) |
|---|---|---|---|---|---|
| HDP 钢板 |  | 千克 | 1 200 | 1 200 |  |
| SEP 塑料 |  | 千克 | 1 200 | 1 200 |  |
| DFG 电路板 |  | 块 | 2 000 | 2 000 |  |

仓库主管：陈德明　　　复核：杨晓梅　　　发料：朱永材　　　制单：梁晓芳

(20) 12月18日，电热壶5 000只、电饭锅1 000只完工，验收合格入库，如下所示。

## 产成品入库单

2019年12月18日　　　　　　　　收字第1202号

| 产品名称 | 规格型号 | 单 位 | 应收数量 | 实收数量 | 金额(元) |
|---|---|---|---|---|---|
| 电热壶 |  | 只 | 5 000 | 5 000 |  |
| 电饭锅 |  | 只 | 1 000 | 1 000 |  |

仓库主管：陈德明　　　复核：朱永材　　　验收：李怡华　　　制单：梁晓芳

(21) 12月19日，收到广东海天电器有限公司支付的本月11日的货款，如下所示。

### 中国工商银行支票(粤)　　　GS 13853216

出票日期(大写)：贰零壹玖年壹拾贰月壹拾玖日　　付款行名称：广州工行新华支行
收款人：广东桥心电器有限公司　　　　　　　　出票人账号：11634813054

人民币(大写)：叁拾贰万壹仟玖佰元整　　￥3 2 1 9 0 0 0 0

付款期限自出票之日起十天

用途：支付货款
上列款项请从我账户内支付
出票人签章

广东海天电器有限公司财务专用章　　刘天福

密码_____
行号_____
复核　　记账

附加信息：

被背书人：
　　背书人签章
　　年　月　日

被背书人：
　　背书人签章
　　年　月　日

## 中国建设银行进账单 （回 单） 1

年　　月　　日

| 出票人 | 全　称 | | 收款人 | 全　称 | | | | | | | | | | |
|---|---|---|---|---|---|---|---|---|---|---|---|---|---|---|
| | 账　号 | | | 账　号 | | | | | | | | | | |
| | 开户银行 | | | 开户银行 | | | | | | | | | | |
| 金额 | 人民币（大写） | | | | 亿 | 千 | 百 | 十 | 万 | 千 | 百 | 十 | 元 | 角 | 分 |
| 票据种类 | | 票据张数 | | | | | | | | | | | | |
| 票据号码 | | | | | | | | | | | | | | |
| 复核　　　记账 | | | | 开户银行盖章 | | | | | | | | | | |

此联是开户银行交给持（出）票人的回单

## 现金折扣审批单

2019 年 12 月 19 日　　　　　　　　　　　　　　　　　单位：元

| 购买单位 | 广东海天电器有限公司 | | 现金折扣条件 | (2/10,1/20,n/30) |
|---|---|---|---|---|
| 商品名称 | 销售时间 | 收款时间 | 不含税金额 | 折扣率 | 现金折扣 |
| 电热壶 | 2019.12.11 | 2019.12.19 | 130 000.00 | 2% | 2 600.00 |
| 电饭锅 | 2019.12.11 | 2019.12.19 | 160 000.00 | 2% | 3 200.00 |
| | | | | | |
| 合　　计 | — | — | ¥290 000.00 | 2% | ¥5 800.00 |

会计主管：何建明　　　　　销售主管：王裕峰　　　　　制表：梁晓芳

（22）12月20日,银行代发上月工资,如下所示。

### 中国建设银行对公客户付款通知单

币别：人民币　　　　　2019 年 12 月 20 日　　　　　交易种类：支付工资

会计主管：　　　　　复核：　　　　　记账：

## 工 资 清 单

2019 年 11 月 30 日　　　　　　　　　　　　　　　　　　　　单位:元

| 序号 | 姓名 | 账号 | 基本工资 | 奖金 | 津贴补贴 | 应付工资 | 养老/失业保险 | 医疗保险 | 住房公积金 | 个人所得税 | 实发工资 |
|---|---|---|---|---|---|---|---|---|---|---|---|
| 1 | 陈乔欣 | 71682162301 | 3 080.00 | 2 250.00 | 940.00 | 6 270.00 | 514.14 | 125.40 | 501.60 | 57.89 | 5 070.97 |
| 2 | 何建明 | 71682162302 | 2 970.00 | 2 100.00 | 760.00 | 5 830.00 | 478.06 | 116.60 | 466.40 | 38.07 | 4 730.87 |
| 3 | 杨晓梅 | 71682162303 | 2 950.00 | 2 080.00 | 750.00 | 5 780.00 | 473.96 | 115.60 | 462.40 | 36.84 | 4 691.20 |
| … | … | … | … | … | … | … | … | … | … | … | … |
| … | … | … | … | … | … | … | … | … | … | … | … |
| 合计 | — | — | … | … | … | 484 233.00 | 39 707.11 | 9 684.66 | 38 738.64 | 1 172.82 | 394 929.77 |

单位负责人:陈乔欣　　　　会计主管:何建明　　　　会计:杨晓梅　　　　制表:谢惠新

(23) 12 月 21 日,缴纳上月的社会保险费和住房公积金,如下所示。

### 社会保险费电子转账凭证

日期:2019 年 12 月 21 日　　　　　　　　凭证号:05673856

| 付款人 | 全称 | 广东桥心电器有限公司 | 收款人 | 全称 | 惠州市社会保险管理中心 |
|---|---|---|---|---|---|
| | 账号 | 71682674052 | | 账号 | 75016584625 |
| | 开户行 | 惠州市建行仲恺支行 | | 开户行 | 惠州市农行麦地支行 |
| | 行号 | | | 行号 | |
| 金额大写 | 人民币壹拾捌万贰仟柒佰玖拾柒元玖角陆分 | | | | ¥182 797.96 |
| 摘要 | 单位:养老/失业保险:91 035.80　　个人:养老/失业保险:39 707.11　　医疗/工伤保险:42 370.39　　医疗保险:9 684.66 | | | | |
| 备注 | 1. 本凭证按《关于惠州市财政、税务、国库、银行实现计算机联网后有关票据使用问题的通知》(惠财库〔2001〕1296 号)规定作为缴纳社保的会计核算凭证。<br>2. 本凭证一式两联,第一联作开户银行的记账凭证,第二联交缴费单位作记账凭证。 | | | | |

复核:　　　　记账:

### 惠州市住房公积金汇缴书

2019 年 12 月 21 日　　　　　　　　　附变更清册　　页

| 单位名称 | 广东桥心电器有限公司 | | | 汇缴 | 11 月 | | | | | | |
|---|---|---|---|---|---|---|---|---|---|---|---|
| 开户银行 | 惠州市建行仲恺支行 | 账号 | 71682674052 | 汇缴 | 98 人 | | | | | | |
| 汇缴金额 | 人民币(大写)柒万柒仟肆佰柒拾柒元贰角捌分 | | | 千 | 百 | 十 | 万 | 千 | 百 | 十 | 元 | 角 | 分 |
| | | | | | | | ¥ | 7 | 7 | 4 | 7 | 7 | 2 | 8 |
| 上次汇缴 | | 本次增加汇缴 | | 本次减少汇缴 | | 本次汇缴 | |
| 人数 | 金额 | 人数 | 金额 | 人数 | 金额 | 人数 | 金额 |
| 98 | 83 581.92 | | | | | 98 | 77 477.28 |
| 备注:<br>单位:住房公积金:38 738.64<br>个人:住房公积金:38 738.64 | | | | | | | |

(24) 12月21日，支付上月水电费，如下所示。

4417241743

## 广东增值税专用发票
### 发票联

No 221566257

开票日期：2019 年 12 月 21 日

| 购买方 | 名　　　称：广东桥心电器有限公司<br>纳税人识别号：440703256268024<br>地　址、电　话：惠州市仲恺大道248号 88327589<br>开户行及账号：惠州市建行仲恺支行 71682674052 | 密码区 | （略） | | |
|---|---|---|---|---|---|
| 货物或应税劳务、服务名称 | 规格型号 | 单位 | 数量 | 单价 | 金额 | 税率 | 税额 |

| 货物或应税劳务、服务名称 | 规格型号 | 单位 | 数量 | 单价 | 金额 | 税率 | 税额 |
|---|---|---|---|---|---|---|---|
| *供电*供电 | | 度 | 10 879 | 1.20 | 13 054.80 | 13% | 1 697.12 |
| 合　　计 | | | | | ￥13 054.80 | 13% | ￥1 697.12 |
| 价税合计（大写） | ⊗壹万肆仟柒佰伍拾壹圆玖角贰分 | | | | （小写）￥14 751.92 | | |

| 销售方 | 名　　　称：广东电网惠州供电公司<br>纳税人识别号：440172867267836<br>地　址、电　话：惠州麦地南路42号 88683127<br>开户行及账号：工行麦地支行 78263674849 | 备注 | 广东电网惠州供电公司<br>440172867267836<br>发票专用章 |
|---|---|---|---|

收款人：　　　　复核：　　　　开票人：谢德林　　　　销售方：（章）

### 中国建设银行对公客户付款通知单

币别：人民币　　　　2019 年 12 月 21 日　　　　交易种类：支付电费

| 付款人 | 全称 | 广东桥心电器有限公司 | 收款人 | 全称 | 广东电网惠州供电公司 |
|---|---|---|---|---|---|
| | 账号 | 71682674052 | | 账号 | 78263674849 |
| | 开户行 | 建行仲恺支行 | | 开户行 | 工行麦地支行 |
| 大写金额 | （人民币）壹万肆仟柒佰伍拾壹元玖角贰分 | | | | ￥14 751.92 |
| 上述款项已从你单位存款账户 71682674052 支付。 | | | | | （银行盖章） |

会计主管：　　　　复核：　　　　记账：

4417269742

## 广东增值税专用发票
### 发票联

No 323568957

开票日期：2019 年 12 月 21 日

| 购买方 | 名　　　称：广东桥心电器有限公司<br>纳税人识别号：440703256268024<br>地　址、电　话：惠州市仲恺大道248号 88327589<br>开户行及账号：惠州市建行仲恺支行 71682674052 | 密码区 | （略） |
|---|---|---|---|

| 货物或应税劳务、服务名称 | 规格型号 | 单位 | 数量 | 单价 | 金额 | 税率 | 税额 |
|---|---|---|---|---|---|---|---|
| *水冰雪*供水 | | 吨 | 230 | 4.00 | 920.00 | 9% | 82.80 |
| 合　　计 | | | | | ￥920.00 | 9% | ￥82.80 |
| 价税合计（大写） | ⊗壹仟零贰圆捌角整 | | | | （小写）￥1 002.80 | | |

| 销售方 | 名　　　称：惠州市自来水总公司<br>纳税人识别号：440172387269636<br>地　址、电　话：惠州金湖路118号 88696627<br>开户行及账号：建行金湖支行 71224574848 | 备注 | 惠州市自来水总公司<br>440172387269636<br>发票专用章 |
|---|---|---|---|

收款人：　　　　复核：　　　　开票人：黄爱林　　　　销售方：（章）

## 中国建设银行对公客户付款通知单

币别：人民币　　　　　2019年12月21日　　　　交易种类：支付水费

| 付款人 | 全称 | 广东桥心电器有限公司 | 收款人 | 全称 | 惠州市自来水总公司 |
|---|---|---|---|---|---|
| | 账号 | 71682674052 | | 账号 | 71224574848 |
| | 开户行 | 建行仲恺支行 | | 开户行 | 建行金湖支行 |

大写金额：（人民币）壹仟零贰元捌角整　　　　¥1 002.80

上述款项已从你单位存款账户71682674052支付。

（银行盖章）中国建设银行股份有限公司 惠州仲恺支行 2019.12.21

此联为付款人付款通知

会计主管：　　　复核：　　　记账：

（25）12月21日，通过二级市场卖出东华科技股票5 000股，另支付交易手续费、印花税等相关税费，如下所示。

### 委托卖出交割单

| | |
|---|---|
| 买卖类别：卖出 | 成交日期：2019.12.21 |
| 股东代码：00149865 | 股东姓名：桥心电器有限公司 |
| 证券代码：002140 | 合同号码：0016432 |
| 证券名称：东华科技 | 委托时间：14:24:20 |
| 成交号码：00026123 | 成交时间：14:36:21 |
| 成交价格：21.00 | 上次余额：5 000股 |
| 成交股数：5 000 | 本次余额：0股 |
| 成交金额：105 000.00 | 手续费：180.00 |
| 过户费：60.00 | 印花税：31.50 |
| 其他收费：0.00 | 收付金额：104 728.50 |

广发证券股份有限公司 惠州仲恺营业厅 2019.12.21 结算章（1）

（26）12月22日，购买黑水笔、笔记本、复印纸等办公用品，交销售部门使用，如下所示。

## 广东增值税普通发票

4417641746　　　　　　　　No 364262134

开票日期：2019年12月22日

| 购买方 | 名称：广东桥心电器有限公司 |
|---|---|
| | 纳税人识别号：440703256268024 |
| | 地址、电话：惠州市仲恺大道248号 88327589 |
| | 开户行及账号：惠州市建行仲恺支行 71682674052 |

密码区：（略）

| 货物或应税劳务、服务名称 | 规格型号 | 单位 | 数量 | 单价 | 金额 | 税率 | 税额 |
|---|---|---|---|---|---|---|---|
| *文具产品*黑水笔 | | 支 | 50 | 1.941 7 | 97.087 | 3% | 2.913 |
| *文具产品*笔记本 | | 本 | 25 | 3.883 5 | 97.087 | 3% | 2.913 |
| *纸制品*复印纸 | | 包 | 50 | 19.417 5 | 970.874 | 3% | 29.126 |
| *计算机配套产品*硒鼓 | | 个 | 10 | 77.669 9 | 776.699 | 3% | 23.301 |
| 合计 | | | | | ¥1 941.75 | | ¥58.25 |

价税合计（大写）：⊗贰仟圆整　　　　（小写）¥2 000.00

| 销售方 | 名称：惠州新新文化用品公司 |
|---|---|
| | 纳税人识别号：440703443246024 |
| | 地址、电话：惠州市新联路96号 86669852 |
| | 开户行及账号：惠州建行新联支行 71987313156 |

备注：（惠州新新文化用品公司 440703443246024 发票专用章）

收款人：肖联新　　复核：　　开票人：肖联新　　销售方：（章）

| 中国建设银行支票存根(粤) | | 中国建设银行支票(粤) | | GS 01034129 |
|---|---|---|---|---|
| GS 01034129 | 付款期限自出票之日起十天 | 出票日期(大写) 年 月 日 | 付款行名称: | |
| 附加信息_____ | | 收款人: | 出票人账号: | 千百十万千百十元角分 |
| _____ | | 人民币(大写) | | |
| 出票日期 年 月 日 | | | | |
| 收款人: | | 用途_____ | 密码_____ | |
| 金 额: | | 上列款项请从我账户内支付 出票人签章 | 行号_____ | |
| 用 途: | | 广东桥心电器有限公司 财务专用章 | 陈乔欣 | |
| 单位主管 会计 | | | 复核 记账 | |

| 附加信息: | 被背书人 | 被背书人 |
|---|---|---|
| | | |
| | 背书人签章 年 月 日 | 背书人签章 年 月 日 |

(粘贴单处)

根据《中华人民共和国票据法》等法律法规的规定,签发空头支票由中国人民银行处以票面金额 5% 但不低于 1 000 元的罚款。

(27) 12月22日,向上海西楚电器有限公司销售电热壶2 000只,每只71.83元;电饭锅800只,每只182.84元,如下所示。

4601041141　　　　　　　　广东增值税专用发票　　　　　　No 031131206

发票联　　　　　　　　开票日期:　　年 月 日

| 购买方 | 名　　　　称: | | | | 密码区 | (略) | | |
|---|---|---|---|---|---|---|---|---|
| | 纳税人识别号: | | | | | | | |
| | 地 址、电 话: | | | | | | | |
| | 开户行及账号: | | | | | | | |
| 货物或应税劳务、服务名称 | 规格型号 | 单位 | 数量 | 单价 | 金额 | | 税率 | 税额 |
| | | | | | | | | |
| 合　　计 | | | | | | | | |
| 价税合计(大写) | ⊗ | | | | (小写) | | | |
| 销售方 | 名　　　　称: | | | | 备注 | 广东桥心电器有限公司 440703256268024 发票专用章 | | |
| | 纳税人识别号: | | | | | | | |
| | 地 址、电 话: | | | | | | | |
| | 开户行及账号: | | | | | | | |

收款人:　　　复核:杨晓梅　　　开票人:王耀林　　　销售方:(章)

## 三、经济业务

### 广东增值税专用发票

4601041141　　No 031131206

此联不作报销、扣税凭证使用　　开票日期：　年　月　日

| 购买方 | 名　　称： |||||||||
|---|---|---|---|---|---|---|---|---|---|
| | 纳税人识别号： |||||||||
| | 地址、电话： |||||||||
| | 开户行及账号： |||||||||
| | | | | | 密码区 | （略） ||||

| 货物或应税劳务、服务名称 | 规格型号 | 单位 | 数量 | 单价 | 金额 | 税率 | 税额 |
|---|---|---|---|---|---|---|---|
| | | | | | | | |
| 合　　计 | | | | | | | |
| 价税合计（大写） ⊗ | | | | | （小写） |||

| 销售方 | 名　　称： | 备注 |
|---|---|---|
| | 纳税人识别号： | |
| | 地址、电话： | |
| | 开户行及账号： | |

收款人：　　复核：杨晓梅　　开票人：王耀林　　销售方：（章）

第一联：记账联 销售方记账凭证

### 产品出库单

2019年12月22日　　第01205号

| 产品名称 | 规　格 | 型　号 | 单　位 | 数　量 | 单位成本 | 金额（元） |
|---|---|---|---|---|---|---|
| 电热壶 | | | 只 | 2 000 | | |
| 电饭锅 | | | 只 | 800 | | |

仓库主管：陈德明　　复核：杨晓梅　　发货：朱永材　　制单：梁晓芳

（28）12月22日，向银行借入为期5年的长期借款，款项已划入公司存款户，如下所示。

### 中国建设银行对公客户收款通知单

2019年12月22日　　交易种类：长期借款放款

| 付款人 | 全　称 | 广东桥心电器有限公司 | 收款人 | 全　称 | 广东桥心电器有限公司 |
|---|---|---|---|---|---|
| | 账　号 | 71683687165 | | 账　号 | 71682674052 |
| | 开户行 | 建行惠州分行 | | 开户行 | 建行仲恺支行 |

| 大写金额 | （人民币）壹佰贰拾万元整 | 亿 | 千 | 百 | 十 | 万 | 千 | 百 | 十 | 元 | 角 | 分 |
|---|---|---|---|---|---|---|---|---|---|---|---|---|
| | | | | ¥ | 1 | 2 | 0 | 0 | 0 | 0 | 0 | 0 |

上述贷款金额已转存入你单位 71682674052 存款户。

合同号：银借字第00012101号

备注：贷款期5年，年利率9%，按年付息，到期还本。

此联为收款人收账通知

会计主管：　　复核：　　记账：

(29) 12月22日,根据合同向广州百福电器有限公司销售电热壶1 000只,单价65元,开出增值税专用发票,货款已收到,如下所示。

**广东增值税专用发票**

4601041141　　　发票联　　　No 031131207

开票日期：　年　月　日

| 购买方 | 名　称：<br>纳税人识别号：<br>地　址、电　话：<br>开户行及账号： | | | | 密码区 | （略） | | |
|---|---|---|---|---|---|---|---|---|
| 货物或应税劳务、服务名称 | 规格型号 | 单位 | 数量 | 单价 | 金额 | 税率 | 税额 |
| 合　　计 | | | | | | | |
| 价税合计（大写） | ⊗ | | | | | （小写） | |
| 销售方 | 名　称：<br>纳税人识别号：<br>地　址、电　话：<br>开户行及账号： | | | | 备注 | | | |

收款人：　　　复核：杨晓梅　　　开票人：王耀林　　　销售方：(章)

第三联：发票联　购买方记账凭证

（广东桥心电器有限公司　440703256268024　发票专用章）

---

**广东增值税专用发票**

4601041141　　　此联不作报销、扣税凭证使用　　　No 031131207

开票日期：　年　月　日

| 购买方 | 名　称：<br>纳税人识别号：<br>地　址、电　话：<br>开户行及账号： | | | | 密码区 | （略） | | |
|---|---|---|---|---|---|---|---|---|
| 货物或应税劳务、服务名称 | 规格型号 | 单位 | 数量 | 单价 | 金额 | 税率 | 税额 |
| 合　　计 | | | | | | | |
| 价税合计（大写） | ⊗ | | | | | （小写） | |
| 销售方 | 名　称：<br>纳税人识别号：<br>地　址、电　话：<br>开户行及账号： | | | | 备注 | | | |

收款人：　　　复核：杨晓梅　　　开票人：王耀林　　　销售方：(章)

第一联：记账联　销售方记账凭证

---

**产品出库单**

2019年12月22日　　　第01206号

| 产品名称 | 规　格 | 型　号 | 单　位 | 数　量 | 单位成本 | 金额（元） |
|---|---|---|---|---|---|---|
| 电热壶 | | | 只 | 1 000 | | |

仓库主管：陈德明　　　复核：杨晓梅　　　发货：朱永材　　　制单：梁晓芳

三、经济业务

## 电汇凭证(收账通知) 4  No 016845364

第 043163 号　　　　　　　　　　　　　　　委托日期 2019 年 12 月 22 日

| 汇款人 | 全　称 | 广州百福电器有限公司 | | | 收款人 | 全　称 | 广东桥心电器有限公司 | | |
|---|---|---|---|---|---|---|---|---|---|
| | 账号或住址 | 15676243355 | | | | 账号或住址 | 71682674052 | | |
| | 汇出地点 | 广州增城 | 汇出行名称 | 建行光明支行 | | 汇入地点 | 广东惠州 | 汇入行名称 | 建行仲恺支行 |
| 金额 | 人民币(大写) | 柒万叁仟肆佰伍拾元整 | | | | | ¥ 73450.00 | | |
| 汇款用途：支付货款 | | | | | | | 2019.12.22 办讫章 (2) (汇入行盖章) | | |
| 上列款项已根据委托办理，如需查询，请持此回单来行面谈 | | | | | | | | | |

此联为收款人收账通知

---

（30）12 月 25 日，根据合同向佛山海纳电器有限公司销售电热壶 1 200 只，单价 64 元，开出增值税专用发票，并办妥托收手续，如下所示。

4601041141　　　　**广东增值税专用发票**　　　　No 031131208

发票联　　　　　　　开票日期：　　年　月　日

| 购买方 | 名　称： | | | | | 密码区 | | （略） | |
|---|---|---|---|---|---|---|---|---|---|
| | 纳税人识别号： | | | | | | | | |
| | 地址、电话： | | | | | | | | |
| | 开户行及账号： | | | | | | | | |
| 货物或应税劳务、服务名称 | | 规格型号 | 单位 | 数量 | 单价 | 金额 | | 税率 | 税额 |
| | | | | | | | | | |
| 合　计 | | | | | | | | | |
| 价税合计(大写) | | ⊗ | | | | （小写） | | | |
| 销售方 | 名　称： | | | | | 备注 | 广东桥心电器有限公司 440703256268024 发票专用章 | | |
| | 纳税人识别号： | | | | | | | | |
| | 地址、电话： | | | | | | | | |
| | 开户行及账号： | | | | | | | | |

收款人：　　　复核：杨晓梅　　　开票人：王耀林　　　销售方：（章）

第三联：发票联　购买方记账凭证

三、经济业务

## 广东增值税专用发票

4601041141

No 031131208

此联不作报销、扣税凭证使用　　开票日期：　年 月 日

| 购买方 | 名　称： |  |  |  | 密码区 |  | （略） |  |  |
|---|---|---|---|---|---|---|---|---|---|
|  | 纳税人识别号： |  |  |  |  |  |  |  |  |
|  | 地　址、电话： |  |  |  |  |  |  |  |  |
|  | 开户行及账号： |  |  |  |  |  |  |  |  |
| 货物或应税劳务、服务名称 | 规格型号 | 单位 | 数量 | 单价 | 金额 | 税率 | 税额 |
|  |  |  |  |  |  |  |  |
| 合　　计 |  |  |  |  |  |  |  |
| 价税合计（大写） | ⊗ |  |  |  | （小写） |  |  |
| 销售方 | 名　称： |  |  |  | 备注 |  |  |  |  |
|  | 纳税人识别号： |  |  |  |  |  |  |  |  |
|  | 地　址、电话： |  |  |  |  |  |  |  |  |
|  | 开户行及账号： |  |  |  |  |  |  |  |  |

收款人：　　　复核：杨晓梅　　　开票人：王耀林　　　销售方：（章）

第一联：记账联　销售方记账凭证

## 产品出库单

2019 年 12 月 25 日　　　　　　　　　　　　　　第 01207 号

| 产品名称 | 规　格 | 型　号 | 单　位 | 数　量 | 单位成本 | 金额（元） |
|---|---|---|---|---|---|---|
| 电热壶 |  |  | 只 | 1 200 |  |  |
|  |  |  |  |  |  |  |

仓库主管：陈德明　　复核：杨晓梅　　发货：朱永材　　制单：梁晓芳

## 托收凭证（受理回单）　1

委托日期：　年 月 日

| 业务类型 | 委托收款（□邮划、□电划） |  | 托收承付（□邮划、☑电划） |  |
|---|---|---|---|---|
| 付款人 | 全　称 |  | 收款人 | 全　称 |
|  | 账　号 |  |  | 账　号 |
|  | 地　址　市县　开户行 |  |  | 地　址　市县　开户行 |
| 金额 | 人民币（大写） |  | 亿千百十万千百十元角分 |  |
| 款项内容 |  | 托收凭据名称 |  | 附寄单证张数 |
| 商品发运情况 |  | 合同名称号码 | HN00100168 |  |
| 备注： |  | 款项收妥日期：　年 月 日 | 收款人开户银行签章 |  |
| 复核　记账 |  |  |  |  |

中国建设银行股份有限公司
惠州仲恺支行
2019.12.25
办讫章
(4)

此联作收款人开户银行给收款人的受理回单

(31) 12月25日，电热壶3 000只、电饭锅1 000只完工，验收合格入库，如下所示。

## 产成品入库单

2019年12月25日　　　　　　　　　　　　　　收字第1203号

| 产品名称 | 规格型号 | 单位 | 应收数量 | 实收数量 | 金额(元) |
|---|---|---|---|---|---|
| 电热壶 |  | 只 | 3 000 | 3 000 |  |
| 电饭锅 |  | 只 | 1 000 | 1 000 |  |

仓库主管：陈德明　　　复核：朱永材　　　验收：李怡华　　　制单：梁晓芳

(32) 12月25日，向广东惠欣电器有限公司销售电热壶800只，单价64元；电饭锅600只，单价165元，开出增值税专用发票，货款已收，如下所示。

### 广东增值税专用发票

4601041141　　　　　　发票联　　　　No 031131209

开票日期：2019年12月25日

| 购买方 | 名　　称：广东惠欣电器有限公司 纳税人识别号：440703535468026 地　址、电话：惠州市金山大道136号 89547586 开户行及账号：惠州建行金山支行 71606969058 | 密码区 | (略) |
|---|---|---|---|

| 货物或应税劳务、服务名称 | 规格型号 | 单位 | 数量 | 单价 | 金额 | 税率 | 税额 |
|---|---|---|---|---|---|---|---|
| *家用电器*电热壶 |  | 只 | 800 | 64.00 | 51 200.00 | 13% | 6 656.00 |
| *家用厨房电器具*电饭锅 |  | 只 | 600 | 165.00 | 99 000.00 | 13% | 12 870.00 |
| 合　　计 |  |  |  |  | ¥150 200.00 |  | ¥19 526.00 |

| 价税合计(大写) | ⊗壹拾陆万玖仟柒佰贰拾陆圆整 | (小写)¥169 726.00 |
|---|---|---|

| 销售方 | 名　　称：广东桥心电器有限公司 纳税人识别号：440703256268024 地　址、电话：惠州市仲恺大道248号 88327589 开户行及账号：惠州市建行仲恺支行 71682674052 | 备注 | 广东桥心电器有限公司 440703256268024 发票专用章 |
|---|---|---|---|

收款人：谢惠新　　　复核：杨晓梅　　　开票人：王耀林　　　销售方：(章)

第三联：发票联　购买方记账凭证

### 广东增值税专用发票

4601041141　　　　　　　　　　　　　　No 031131209

此联不作报销，扣税凭证使用　开票日期：2019年12月25日

| 购买方 | 名　　称：广东惠欣电器有限公司 纳税人识别号：440703535468026 地　址、电话：惠州市金山大道136号 89547586 开户行及账号：惠州建行金山支行 71606969058 | 密码区 | (略) |
|---|---|---|---|

| 货物或应税劳务、服务名称 | 规格型号 | 单位 | 数量 | 单价 | 金额 | 税率 | 税额 |
|---|---|---|---|---|---|---|---|
| *家用电器*电热壶 |  | 只 | 800 | 64.00 | 51 200.00 | 13% | 6 656.00 |
| *家用厨房电器具*电饭锅 |  | 只 | 600 | 165.00 | 99 000.00 | 13% | 12 870.00 |
| 合　　计 |  |  |  |  | ¥150 200.00 |  | ¥19 526.00 |

| 价税合计(大写) | ⊗壹拾陆万玖仟柒佰贰拾陆圆整 | (小写)¥169 726.00 |
|---|---|---|

| 销售方 | 名　　称：广东桥心电器有限公司 纳税人识别号：440703256268024 地　址、电话：惠州市仲恺大道248号 88327589 开户行及账号：惠州市建行仲恺支行 71682674052 | 备注 |  |
|---|---|---|---|

收款人：谢惠新　　　复核：杨晓梅　　　开票人：王耀林　　　销售方：(章)

第一联：记账联　销售方记账凭证

## 三、经济业务

## 产品出库单

2019 年 12 月 25 日　　　　　　　　　　　　　　　　　　　第 01208 号

| 产品名称 | 规 格 | 型 号 | 单 位 | 数 量 | 单位成本 | 金额(元) |
|---|---|---|---|---|---|---|
| 电热壶 |  |  | 只 | 800 |  |  |
| 电饭锅 |  |  | 只 | 600 |  |  |

仓库主管:陈德明　　　复核:杨晓梅　　　发货:朱永材　　　制单:梁晓芳

---

### 中国建设银行支票(粤)　　　　GS 32461234

出票日期(大写) 贰零壹玖年壹拾贰月贰拾伍日　　付款行名称:惠州建行金山支行
收款人: 广东桥心电器有限公司　　　　　　　　出票人账号:71606969058

付款期限自出票之日起十天

人民币(大写) 壹拾陆万玖仟柒佰贰拾陆元整　　¥ 1 6 9 7 2 6 0 0

用途　支付货款

广东惠欣电器有限公司财务专用章　　陈金明

密码_____　行号_____

上列款项请从我账户内支付　出票人签章　　复核　记账

---

附加信息：

被背书人：　　　　　　　　被背书人：

背书人签章　年 月 日　　　背书人签章　年 月 日

---

### 中国建设银行进账单　(回 单)　　1

年　月　日

| 出票人 | 全　称 |  | 收款人 | 全　称 |  |
|---|---|---|---|---|---|
|  | 账　号 |  |  | 账　号 |  |
|  | 开户银行 |  |  | 开户银行 |  |

| 金额 | 人民币(大写) | | 亿 千 百 十 万 千 百 十 元 角 分 |
|---|---|---|---|

| 票据种类 |  | 票据张数 |  |
|---|---|---|---|
| 票据号码 |  |  |  |

复核　　　记账　　　　　　　　　　　　开户银行盖章

此联是开户银行交给持(出)票人的回单

三、经济业务

(33) 12月25日,支付本月短期借款利息和本季长期借款利息,如下所示。

## 利息计算单

2019年12月25日　　　　　　　　　　　　　　　　单位:元

| 计息项目 | 起息日 | 结息日 | 本　金 | 年利率 | 利　息 |
|---|---|---|---|---|---|
| 长期借款 | 2019.11.25 | 2019.12.25 | 320 000.00 | 6% | 1 600.00 |
| 短期借款 | 2019.11.25 | 2019.12.25 | 40 000.00 | 9% | 300.00 |
|  |  |  |  |  |  |
| 合计(大写) | 人民币壹仟玖佰元整 |  |  |  | ¥1 900.00 |
| 会计主管:何建明 |  | 会计:杨晓梅 |  | 制单:谢惠新 |  |

### 中国建设银行对公客户付款通知单

币别:人民币　　　　2019年12月25日　　　　交易种类:支付借款利息

| 付款人 | 全　称 | 广东桥心电器有限公司 | 收款人 | 全　称 | 广东桥心电器有限公司 |
|---|---|---|---|---|---|
|  | 账　号 | 71682674052 |  | 账　号 | 71683687165 |
|  | 开户行 | 建行仲恺支行 |  | 开户行 | 建行惠州分行 |
| 大写金额 | (人民币)伍仟壹佰元整 |  |  |  | ¥5 100.00 |
| 上述款项已从你单位存款账户71682674052支付。 |  |  | 办讫章(2) |  | (银行盖章) |
| 会计主管: | 复核: |  | 记账: |  |  |

此联为付款人付款通知

(34) 12月26日,出包给广东银泰建筑工程公司承建的公司厂房工程完工并达到预定可使用状态,验收合格转入公司固定资产。收到银泰公司开具的增值税专用发票,开出支票承付全部工程款,如下所示。

4401783254　　　　　**广东增值税专用发票**　　　　No 215426412

发票联　　　　　　　　　　　　　　　　开票日期:2019年12月26日

| 购买方 | 名　　称:广东桥心电器有限公司<br>纳税人识别号:440703256268024<br>地　址、电话:惠州市仲恺大道248号 88327589<br>开户行及账号:惠州市建行仲恺支行 71682674052 |  |  |  | 密码区 | (略) |  |  |
|---|---|---|---|---|---|---|---|---|
| 货物或应税劳务、服务名称 | 规格型号 | 单位 | 数量 | 单价 | 金额 | 税率 | 税额 |
| *建筑服务*厂房工程 |  |  |  |  | 1 200 000.00 | 9% | 108 000.00 |
| 合　　计 |  |  |  |  | ¥1 200 000.00 |  | ¥108 000.00 |
| 价税合计(大写) | ⊗壹佰叁拾万捌仟圆整 |  |  |  | (小写)¥1 308 000.00 |  |  |
| 销售方 | 名　　称:广东银泰建筑工程公司<br>纳税人识别号:440725306268361<br>地　址、电话:惠州市金山大道102号 86682686<br>开户行及账号:民生银行金山支行 71529413964 |  |  |  | 备注 | <br>厂房位于:仲恺大道248号 |  |  |
| 收款人: |  | 复核: |  | 开票人:林冬生 |  | 销售方:(章) |  |  |

(备注说明:自2019年4月1日起,不动产进项税额实行一次性金额抵扣。)

## 工程竣工验收决算报告

编号：000002601　　　　　　　2019 年 12 月 26 日　　　　　　　单位：元

| 项目名称 | 工程批准号 | 工程预算数 | 工程决算数 | 其中：设备费 | 材料费用 | 工资费用 | 其他直接费 | 施工管理费 |
|---|---|---|---|---|---|---|---|---|
| 厂房工程 | | | 1 200 000.00 | | 600 000.00 | 400 000.00 | 60 000.00 | 140 000.00 |
| | | | | | | | | |
| 合　　计 | | | 1 200 000.00 | | 600 000.00 | 400 000.00 | 60 000.00 | 140 000.00 |
| | 新增固定资产 | | | | | | | |
| 资产名称 | 规格 | 型号 | 单价 | | 施工单位（盖章）负责人：陈泰信 | | 委托单位（盖章）负责人：陈乔欣 | |
| | | | | | 使用部门（盖章）负责人：陈林峰 | | 财务部门（盖章）负责人：何建明 | |

## 固定资产验收单

验收日期 2019 年 12 月 26 日　　　　　　　编号：006002

| | 项目名称 | 厂房 | 电动机 | | |
|---|---|---|---|---|---|
| | 型　号 | | 总功率 | | |
| | 规　格 | | 出厂编号 | | 生产日期 |
| | 制造厂 | 广东银泰建筑工程公司 | 自重量 | | 始用日期 | 2019.12.26 |
| | 尺　寸 | | 使用部门 | | 施工工号 |
| 固定资产管理部门 | 随　机　附　件 | | | | |
| | 名称 | 型号规格 | 数量 | 名称 | 型号规格 | 数量 |
| | | | | | | |
| | | | | | | |
| | 说明书 | | 装箱单 | | 图纸 |
| | 合格证 | | 精度单 | | 资料验收人 |
| | 设备类别 | | | 使用年限 | |
| | 精度等级 | | | 分类划级 | |
| 财务部门 | 设备费用 | ￥1 200 000.00 | 安装及其他费 | | |
| | 原值合计 | ￥1 200 000.00 | 资产来源 | | 出包建造 |
| 验收意见 | 验收合格　　　　　　　　　　　　　　　　　　　　　　　　　验收人：陈林峰、李晓清 | | | | |
| 部门签名 | 使用部门 | 陈林峰 | 固定资产管理部门 | 李晓清 | 财务部门 | 何建明 |

## 三、经济业务

| 中国建设银行支票存根(粤) | 中国建设银行支票(粤) | GS 01034130 |
|---|---|---|
| GS 01034130 | 出票日期(大写) 年 月 日 | 付款人名称： |
| 附加信息_____ | 收款人： | 出票人账号： |
| 出票日期 年 月 日 | 人民币(大写) | 千百十万千百十元角分 |
| 收款人： | 用途 | 密码_____ |
| 金 额： | 上列款项请从我账户内支付 | 行号_____ |
| 用 途： | 出票人签章 【广东桥心电器有限公司财务专用章】 【陈乔欣】 | 复核 记账 |
| 单位主管 会计 | | |

付款期限自出票之日起十天

附加信息：

| 被背书人 | 被背书人 |
|---|---|
| | |
| 背书人签章 年 月 日 | 背书人签章 年 月 日 |

(粘贴单处)

根据《中华人民共和国票据法》等法律法规的规定，签发空头支票由中国人民银行处以票面金额5%但不低于1 000元的罚款。

(35) 12月27日，收到佛山海纳电器有限公司支付的本月25日的货款，如下所示。

## 托收凭证(收账通知) 4

委托日期： 年 月 日　　付款期限 年 月 日

| 业务类型 | 委托收款(□邮划、□电划) | | | 托收承付(□邮划、☑电划) | | |
|---|---|---|---|---|---|---|
| 付款人 | 全 称 | | | 收款人 | 全 称 | |
| | 账 号 | | | | 账 号 | |
| | 地 址 | 省 市县 | 开户行 | | 地 址 | 省 市县 开户行 |
| 金额 | 人民币(大写) | | | 亿千百十万千百十元角分 | | |
| 款项内容 | | 托收凭据名称 | | 附寄单证张数 | 【中国建设银行股份有限公司 惠州仲恺支行 HN00100168 2019.12.27 办讫章(4)】 | |
| 商品发运情况 | | | | 合同名称号码 | | |
| 备注： | | 款项收妥日期： | | 收款人开户银行签章 | | |
| 复核 记账 | | 年 月 日 | | | | |

此联作收款人开户银行给收款人的收账通知

(36) 12月27日,以现金报销采购员郑伟差旅费,如下所示。

## 差旅费报销单

2019 年 12 月 27 日　　　　　　　　　附原始单据 20 张

| 出差人 | 郑伟 | 出差事由 | 出差采购材料 | |
|---|---|---|---|---|
| 项目 | 单据张数 | 金额(元) | 出差补贴(元) | |
| 火车票、汽车票 | 2 | 800.00 | 出差地点 | |
| 飞机票、轮船票 | | | 出差时间 | |
| 市内交通费 | 16 | 78.00 | 出差天数 | |
| 食宿费 | 2 | 2 282.00 | 补贴标准 | 现金付讫 |
| 其他 | | | 补贴金额 | |
| 小计 | | ¥3 160.00 | 小计 | |
| 合计 | 人民币叁仟壹佰陆拾元整 | | | ¥3 160.00 |
| 单位领导审批:同意　陈乔欣 | | 部门主管审批:同意　聂源珍 | | |

会计主管:何建明　　复核:杨晓梅　　出纳:谢惠新　　领款人:郑伟

(37) 12月28日,以现金支付职工上下班交通补助8 600元,如下所示。

## 交通补助清单

2019 年 12 月 28 日

| 序号 | 姓名 | 补助金额(元) | 签名 |
|---|---|---|---|
| 1 | 陈乔欣 | 330.00 | 陈乔欣 |
| 2 | 何建明 | 280.00 | 何建明 |
| 3 | 杨晓梅 | 250.00 | 杨晓梅 |
| … | 现金付讫 … | | … |
| | … | | |
| 合计 | — | ¥8 600.00 | |

单位负责人:陈乔欣　　会计主管:何建明　　会计:杨晓梅　　制表:谢惠新

(38) 12月29日,开出支票,支付给惠州益丰修配有限公司生产车间设备修理费,如下所示。

4417879344

## 广东增值税专用发票
### 发票联

No 236828241

开票日期:2019 年 12 月 29 日

| 购买方 | 名　　称:广东桥心电器有限公司<br>纳税人识别号:440703256268024<br>地　址、电话:惠州市仲恺大道 248 号 88327589<br>开户行及账号:惠州市建行仲恺支行 71682674052 | 密码区 | (略) | | |
|---|---|---|---|---|---|
| 货物或应税劳务、服务名称 | 规格型号 | 单位 | 数量 | 单价 | 金额 | 税率 | 税额 |

| 货物或应税劳务、服务名称 | 规格型号 | 单位 | 数量 | 单价 | 金额 | 税率 | 税额 |
|---|---|---|---|---|---|---|---|
| *劳务*修理费 | | | | 1 600.00 | 1 600.00 | 13% | 208.00 |
| 合　计 | | | | | ¥1 600.00 | | ¥208.00 |

| 价税合计(大写) | ⊗壹仟捌佰零捌圆整 | (小写)¥1 808.00 |
|---|---|---|

| 销售方 | 名　　称:惠州益丰修配有限公司<br>纳税人识别号:440716861357926<br>地　址、电话:惠州市仲恺大道 16 号 68869999<br>开户行及账号:中行仲恺支行 11742161469 | 备注 | 惠州益丰修配有限公司<br>440716861357926<br>发票专用章 |
|---|---|---|---|

收款人:　　复核:　　开票人:黄智　　销售方:(章)

三、经济业务

| 中国建设银行支票存根（粤） | 中国建设银行支票（粤） | GS 01034131 |
|---|---|---|

（中国建设银行支票存根）
GS 01034131
附加信息＿＿＿＿＿＿＿＿＿＿
＿＿＿＿＿＿＿＿＿＿＿＿＿＿
出票日期　年　月　日
收款人：
金　额：
用　途：
单位主管　　　会计

（中国建设银行支票）
付款期限自出票之日起十天
出票日期(大写)　年　月　日　　付款行名称：
收款人：　　　　　　　　　　　出票人账号：
人民币　　　千百十万千百十元角分
(大写)
用途＿＿＿＿＿＿　　　密码＿＿＿＿＿＿＿＿＿＿
上列款项请从我账户内支付　行号＿＿＿＿＿＿＿＿＿＿
出票人签章　　广东桥心电器有限公司财务专用章　　陈乔欣　复核　　记账

附加信息：　　被背书人　　被背书人
　　　　　　（粘贴单处）
背书人签章　　背书人签章
　年　月　日　　年　月　日

根据《中华人民共和国票据法》等法律法规的规定，签发空头支票由中国人民银行处以票面金额5%但不低于1 000元的罚款。

（39）12月29日，向广东利源电子有限公司采购DRH电路板一批，收到增值税专用发票，款项未付，DRH电路板验收合格入库，如下所示。

4407541253　　广东增值税专用发票　　No 346073426
发票联　　开票日期：2019年12月29日

| 购买方 | 名　称：广东桥心电器有限公司 | 密码区 | (略) |
| | 纳税人识别号：440703256268024 | | |
| | 地　址、电话：惠州市仲恺大道248号 88327589 | | |
| | 开户行及账号：惠州市建行仲恺支行 71682674052 | | |

| 货物或应税劳务、服务名称 | 规格型号 | 单位 | 数量 | 单价 | 金额 | 税率 | 税额 |
|---|---|---|---|---|---|---|---|
| *印制电路板*DRH电路板 | | 块 | 3 000 | 12.20 | 36 600.00 | 13% | 4 758.00 |
| 合　　计 | | | | | ￥36 600.00 | | ￥4 758.00 |
| 价税合计(大写) | ⊗肆万壹仟叁佰伍拾捌圆整 | | | | (小写)￥41 358.00 | | |

| 销售方 | 名　称：广东利源电子有限公司 | 备注 | 广东利源电子有限公司 440702498268020 发票专用章 |
| | 纳税人识别号：440702498268020 | | |
| | 地　址、电话：惠州市金山大道120号 86682584 | | |
| | 开户行及账号：惠州农行金山支行 71682543357 | | |

收款人：　复核：　开票人：郑志源　销售方：(章)

第三联：发票联　购买方记账凭证

## 收 料 单

2019 年 12 月 29 日　　　　　　　　　　　　　　　　收字第 1204 号

| 材料名称 | 规格型号 | 单 位 | 应收数量 | 实收数量 | 金额(元) |
|---|---|---|---|---|---|
| DRH 电路板 | | 块 | 3 000 | 3 000 | 36 600.00 |
| | | | | | |

仓库主管:陈德明　　　　　　　验收:李怡华　　　　　　　收料:朱永材

(40) 12 月 29 日,收到银行存款利息,如下所示。

### 中国建设银行对公客户收款通知单

2019 年 12 月 29 日　　　　　　交易种类:收到存款利息

| 付款人 | 全 称 | | 收款人 | 全 称 | 广东桥心电器有限公司 | 亿 | 千 | 百 | 十 | 万 | 千 | 百 | 十 | 元 | 角 | 分 |
|---|---|---|---|---|---|---|---|---|---|---|---|---|---|---|---|---|
| | 账 号 | | | 账 号 | 71682674052 | | | | | | | | | | | |
| | 开户行 | | | 开户行 | 建行仲恺支行 | | | | | | | | | | | |
| 大写金额 | (人民币)叁仟柒佰玖拾元整 | | | | | | | | | ¥ | 3 | 7 | 9 | 0 | 0 | 0 |
| 上述存款利息金额已转存入你单位 71682674052 存款户。 | | | 备注: | | | | | | | | | | | | | |

此联为收款人收账通知

会计主管:　　　　　　　　　复核:　　　　　　　　　记账:

(41) 12 月 31 日,计算发出材料成本,采用月末一次加权平均法,如下所示。

### 发出材料单位成本计算表

材料:HDP 不锈钢板　　　2019 年 12 月 31 日　　　　　　单位:元

| 日期 | 期初余额 | | | 本期购进 | | | 加权单位成本 |
|---|---|---|---|---|---|---|---|
| | 数量 | 单价 | 金额 | 数量 | 单价 | 金额 | |
| | | | | | | | |
| | | | | | | | |
| | | | | | | | |
| | | | | | | | |
| | | | | | | | |
| | | | | | | | |
| | | | | | | | |
| | | | | | | | |

会计主管:何建明　　　　　　　复核:杨晓梅　　　　　　　制表:梁晓芳

## 发出材料单位成本计算表

材料:SEP 塑料　　　　　　　　2019 年 12 月 31 日　　　　　　　　单位:元

| 日期 | 期初余额 | | | 本期购进 | | | 加权单位成本 |
|---|---|---|---|---|---|---|---|
| | 数量 | 单价 | 金额 | 数量 | 单价 | 金额 | |
| | | | | | | | |
| | | | | | | | |
| | | | | | | | |
| | | | | | | | |
| | | | | | | | |
| | | | | | | | |
| | | | | | | | |
| | | | | | | | |

会计主管:何建明　　　　　　　复核:杨晓梅　　　　　　　制表:梁晓芳

## 发出材料单位成本计算表

材料:DRH 电路板　　　　　　　2019 年 12 月 31 日　　　　　　　　单位:元

| 日期 | 期初余额 | | | 本期购进 | | | 加权单位成本 |
|---|---|---|---|---|---|---|---|
| | 数量 | 单价 | 金额 | 数量 | 单价 | 金额 | |
| | | | | | | | |
| | | | | | | | |
| | | | | | | | |
| | | | | | | | |
| | | | | | | | |
| | | | | | | | |
| | | | | | | | |
| | | | | | | | |

会计主管:何建明　　　　　　　复核:杨晓梅　　　　　　　制表:梁晓芳

## 发出材料单位成本计算表

材料:DFG 电路板　　　　　　　2019 年 12 月 31 日　　　　　　　　单位:元

| 日期 | 期初余额 | | | 本期购进 | | | 加权单位成本 |
|---|---|---|---|---|---|---|---|
| | 数量 | 单价 | 金额 | 数量 | 单价 | 金额 | |
| | | | | | | | |
| | | | | | | | |
| | | | | | | | |
| | | | | | | | |
| | | | | | | | |
| | | | | | | | |
| | | | | | | | |
| | | | | | | | |

会计主管:何建明　　　　　　　复核:杨晓梅　　　　　　　制表:梁晓芳

## 发出材料成本汇总表

2019 年 12 月 31 日　　　　　　　　　　　　　　　　　　　　　　　　　　单位:元

| 部门/用途 | HDP 不锈钢板 | | | SEP 塑料 | | | DRH 电路板 | | | DFG 电路板 | | | 合计 |
|---|---|---|---|---|---|---|---|---|---|---|---|---|---|
| | 数量 | 单价 | 金额 | 数量 | 单价 | 金额 | 数量 | 单价 | 金额 | 数量 | 单价 | 金额 | |
| 电热壶 | | | | | | | | | | | | | |
| 电饭锅 | | | | | | | | | | | | | |
| 合　计 | | | | | | | | | | | | | |

会计主管:何建明　　　　　　　　复核:杨晓梅　　　　　　　　制表:梁晓芳

(42) 12 月 31 日,计算分配本月工资费用,如下所示。

## 工资结算汇总表

2019 年 12 月　　　　　　　　　　　　　　　　　　　　　　　　　　单位:元

| 部门或用途 | 基本工资 | 奖金 | 津贴补贴 | 应付工资 | 代扣款 | 实发工资 |
|---|---|---|---|---|---|---|
| 生产电热壶 | 84 768.00 | 46 105.00 | 43 791.00 | 174 664.00 | | |
| 生产电饭锅 | 57 941.00 | 26 558.00 | 23 278.00 | 107 777.00 | | |
| 车间管理人员 | 16 854.00 | 6 692.00 | 8 302.00 | 31 848.00 | | |
| 行政管理人员 | 16 878.00 | 6 777.00 | 6 214.00 | 29 869.00 | | |
| 销售人员 | 73 696.00 | 26 726.00 | 16 243.00 | 116 665.00 | | |
| 合　计 | 250 137.00 | 112 858.00 | 97 828.00 | 460 823.00 | | |

会计主管:何建明　　　　　　　　复核:杨晓梅　　　　　　　　制表:梁晓芳

(43) 12 月 31 日,计提本月社会保险费和住房公积金(单位负担部分),如下所示。

## 社会保险费与住房公积金计提表

2019 年 12 月　　　　　　　　　　　　　　　　　　　　　　　　　　单位:元

| 部门或用途 | 计提基数 | 基本养老保险费 | | 基本医疗保险费 | | 失业保险费 | | 工伤保险费 单位(0.25%) | 保险费合计 | | 住房公积金 | |
|---|---|---|---|---|---|---|---|---|---|---|---|---|
| | | 单位(18%) | 个人(8%) | 单位(8.5%) | 个人(2%) | 单位(0.8%) | 个人(0.2%) | | 单位 | 个人 | 单位(8%) | 个人(8%) |
| 生产电热壶 | 174 664.00 | 31 439.52 | 13 973.12 | 14 846.44 | 3 493.28 | 1 397.31 | 349.33 | 436.66 | 48 119.93 | 17 815.73 | 13 973.12 | 13 973.12 |
| 生产电饭锅 | 107 777.00 | 19 399.86 | 8 622.16 | 9 161.05 | 2 155.54 | 862.22 | 215.55 | 269.44 | 29 692.56 | 10 993.25 | 8 622.16 | 8 622.16 |
| 车间管理 | 31 848.00 | 5 732.64 | 2 547.84 | 2 707.08 | 636.96 | 254.78 | 63.70 | 79.62 | 8 774.12 | 3 248.50 | 2 547.84 | 2 547.84 |
| 行政管理 | 29 869.00 | 5 376.42 | 2 389.52 | 2 538.87 | 597.38 | 238.95 | 59.74 | 74.67 | 8 228.91 | 3 046.64 | 2 389.52 | 2 389.52 |
| 销售人员 | 116 665.00 | 20 999.70 | 9 333.20 | 9 916.53 | 2 333.30 | 933.32 | 233.33 | 291.66 | 32 141.21 | 11 899.83 | 9 333.20 | 9 333.20 |
| 合　计 | 460 823.00 | 82 948.14 | 36 865.84 | 39 169.96 | 9 216.46 | 3 686.58 | 921.65 | 1 152.06 | 126 956.74 | 47 003.95 | 36 865.84 | 36 865.84 |

会计主管:何建明　　　　　　　　复核:杨晓梅　　　　　　　　制表:梁晓芳

(44) 12月31日,结转本月应从职工工资中扣除的各种代扣代垫款,如下所示。

**代扣代垫款汇总表**

2019年12月　　　　　　　　　　　　　　　　　　　　单位:元

| 部门或用途 | 计提基数 | 基本养老保险费 个人(8%) | 基本医疗保险费 个人(2%) | 失业保险费 个人(0.2%) | 保险费合计 个人 | 住房公积金 个人(8%) | 个人所得税 |
|---|---|---|---|---|---|---|---|
| 生产电热壶 | 174 664.00 | 13 973.12 | 3 493.28 | 349.33 | 17 815.73 | 13 973.12 | 262.34 |
| 生产电饭锅 | 107 777.00 | 8 622.16 | 2 155.54 | 215.55 | 10 993.25 | 8 622.16 | 166.08 |
| 车间管理 | 31 848.00 | 2 547.84 | 636.96 | 63.70 | 3 248.50 | 2 547.84 | 119.58 |
| 行政管理 | 29 869.00 | 2 389.52 | 597.38 | 59.74 | 3 046.64 | 2 389.52 | 132.01 |
| 销售人员 | 116 665.00 | 9 333.20 | 2 333.30 | 233.33 | 11 899.83 | 9 333.20 | 232.42 |
| 合　计 | 460 823.00 | 36 865.84 | 9 216.46 | 921.65 | 47 003.95 | 36 865.84 | 912.43 |

会计主管:何建明　　　　　　复核:杨晓梅　　　　　　制表:梁晓芳

(45) 12月31日,计提本月工会经费,如下所示。

**工会经费计提表**

2019年12月　　　　　　　　　　　　　　　　　　　　单位:元

| 部门或用途 | 计提基数 | 计提比例 | 计提金额 | 备　注 |
|---|---|---|---|---|
| 生产电热壶 | 174 664.00 | 2% | | |
| 生产电饭锅 | 107 777.00 | 2% | | |
| 车间管理 | 31 848.00 | 2% | | |
| 行政管理 | 29 869.00 | 2% | | |
| 销售人员 | 116 665.00 | 2% | | |
| 合　计 | 460 823.00 | 2% | | |

会计主管:何建明　　　　　　复核:杨晓梅　　　　　　制表:梁晓芳

(46) 12月31日,计提本月职工教育经费,如下所示。

**职工教育经费计提表**

2019年12月　　　　　　　　　　　　　　　　　　　　单位:元

| 部门或用途 | 计提基数 | 计提比例 | 计提金额 | 备　注 |
|---|---|---|---|---|
| 生产电热壶 | 174 664.00 | 1.5% | | |
| 生产电饭锅 | 107 777.00 | 1.5% | | |
| 车间管理 | 31 848.00 | 1.5% | | |
| 行政管理 | 29 869.00 | 1.5% | | |
| 销售人员 | 116 665.00 | 1.5% | | |
| 合　计 | 460 823.00 | 1.5% | | |

会计主管:何建明　　　　　　复核:杨晓梅　　　　　　制表:梁晓芳

(47) 12月31日,计算并分配本月电费,如下所示。

## 电费分配表
### 2019年12月

| 部门或用途 | 用电量(度) | 单价(元/度) | 应分配电费(元) |
| --- | --- | --- | --- |
| 生产电热壶 | 4 778 | 1.20 | |
| 生产电饭锅 | 4 314 | 1.20 | |
| 车间管理 | 598 | 1.20 | |
| 行政管理 | 360 | 1.20 | |
| 销售机构 | 259 | 1.20 | |
| 合 计 | 10 309 | 1.20 | |

会计主管:何建明　　　　复核:杨晓梅　　　　制表:梁晓芳

(48) 12月31日,计算并分配本月水费,如下所示。

## 水费分配表
### 2019年12月

| 部门或用途 | 用水量(吨) | 单价(元/吨) | 应分配水费(元) |
| --- | --- | --- | --- |
| 生产电热壶 | 102 | 4.00 | |
| 生产电饭锅 | 84 | 4.00 | |
| 车间管理 | 8 | 4.00 | |
| 行政管理 | 14 | 4.00 | |
| 销售机构 | 10 | 4.00 | |
| 合 计 | 218 | 4.00 | |

会计主管:何建明　　　　复核:杨晓梅　　　　制表:梁晓芳

(49) 12月31日,计提本月固定资产折旧,如下所示。

## 折旧计算表
### 2019年12月
单位:元

| 固定资产类型 | | 固定资产价值 | 月折旧率 | 月折旧额 |
| --- | --- | --- | --- | --- |
| 生产用固定资产 | 房屋 | 1 340 160.00 | 0.42% | |
| | 设备 | 893 440.00 | 1.05% | |
| 非生产用固定资产 | 房屋 | 390 880.00 | 0.42% | |
| | 设备 | 167 520.00 | 1.05% | |
| 合 计 | | 2 792 000.00 | — | |

会计主管:何建明　　　　复核:杨晓梅　　　　制表:梁晓芳

(50) 12月31日,计提本月无形资产累计摊销额,如下所示。

## 无形资产摊销计算表
### 2019年12月
单位:元

| 无形资产类型 | 无形资产价值 | 月摊销率 | 月摊销额 |
| --- | --- | --- | --- |
| 电热壶专利 | 150 000.00 | 1.666 667% | |
| 电饭锅专利 | 270 000.00 | 1.666 667% | |
| 合 计 | 420 000.00 | — | |

会计主管:何建明　　　　复核:杨晓梅　　　　制表:梁晓芳

(51) 12月31日,分配结转本月制造费用,如下所示。

## 制造费用分配表
2019年12月

| 产品项目 | 分配标准(工时) | 分配率(元/工时) | 分配金额(元) |
|---|---|---|---|
| 生产电热壶 | 2 688.00 | | |
| 生产电饭锅 | 2 112.00 | | |
| 合 计 | 4 800.00 | | |

会计主管:何建明　　　　　　　复核:杨晓梅　　　　　　　制表:梁晓芳

(52) 12月31日,计算本月完工产品成本,如下所示。

## 完工产品成本计算单
2019年12月31日　　　　　　　　　　　　　　　　　　单位:元

产品名称:电热壶(只)　　　　　　　　　　　　　　　　完工产品数量:

| 项　目 | | 产量 | 直接材料 | 直接人工 | 水费 | 电费 | 制造费用 | 其他费用 | 合计 |
|---|---|---|---|---|---|---|---|---|---|
| 期初在产品成本 | 在产品数量 | | | | | | | | |
| | 约当产量 | | | | | | | | |
| 本月生产费用 | 投入量 | | | | | | | | |
| | 生产费用 | | | | | | | | |
| 生产费用合计 | | — | | | | | | | |
| 完工产品成本 | 总成本 | | | | | | | | |
| | 单位成本 | | | | | | | | |
| 期末在产品成本 | 在产品数量 | | | | | | | | |
| | 约当产量 | | | | | | | | |

会计主管:何建明　　　　　　　复核:杨晓梅　　　　　　　制表:梁晓芳

## 完工产品成本计算单
2019年12月31日　　　　　　　　　　　　　　　　　　单位:元

产品名称:电饭锅(只)　　　　　　　　　　　　　　　　完工产品数量:

| 项　目 | | 产量 | 直接材料 | 直接人工 | 水费 | 电费 | 制造费用 | 其他费用 | 合计 |
|---|---|---|---|---|---|---|---|---|---|
| 期初在产品成本 | 在产品数量 | | | | | | | | |
| | 约当产量 | | | | | | | | |
| 本月生产费用 | 投入量 | | | | | | | | |
| | 生产费用 | | | | | | | | |
| 生产费用合计 | | — | | | | | | | |
| 完工产品成本 | 总成本 | | | | | | | | |
| | 单位成本 | | | | | | | | |
| 期末在产品成本 | 在产品数量 | | | | | | | | |
| | 约当产量 | | | | | | | | |

会计主管:何建明　　　　　　　复核:杨晓梅　　　　　　　制表:梁晓芳

(53) 12月31日,计算并结转本月产品销售成本,如下所示。

## 发出产品单位成本计算表

产品名称:电热壶　　　　　　　　2019年12月31日　　　　　　　　　　　　单位:元

| 日期 | 期初余额 | | | 本期完工 | | | 加权单位成本 |
|---|---|---|---|---|---|---|---|
| | 数量 | 单位成本 | 金额 | 数量 | 单位成本 | 金额 | |
| | | | | | | | |
| | | | | | | | |
| | | | | | | | |
| | | | | | | | |
| | | | | | | | |

会计主管:何建明　　　　　　　复核:杨晓梅　　　　　　　制表:梁晓芳

## 发出产品单位成本计算表

产品名称:电饭锅　　　　　　　　2019年12月31日　　　　　　　　　　　　单位:元

| 日期 | 期初余额 | | | 本期完工 | | | 加权单位成本 |
|---|---|---|---|---|---|---|---|
| | 数量 | 单位成本 | 金额 | 数量 | 单位成本 | 金额 | |
| | | | | | | | |
| | | | | | | | |
| | | | | | | | |
| | | | | | | | |
| | | | | | | | |

会计主管:何建明　　　　　　　复核:杨晓梅　　　　　　　制表:梁晓芳

## 产品销售成本汇总表

2019年12月　　　　　　　　　　　　　　　　　　　　单位:元

| 产品名称 | 计量单位 | 销售量 | 单位成本 | 总成本 |
|---|---|---|---|---|
| 电热壶 | | | | |
| 电饭锅 | | | | |
| 合　计 | | | | |

会计主管:何建明　　　　　　　复核:杨晓梅　　　　　　　制表:梁晓芳

(54) 12月31日,按应收账款余额百分比法计提本月坏账准备金(5‰),如下所示。

## 坏账准备计提表

2019年12月31日　　　　　　　　　　　　　　　　　单位:元

| 时间 | 应收账款余额 | 计提比例 | 当期应计提 | 计提前余额 | 当期实际计提 |
|---|---|---|---|---|---|
| | | | | | |
| | | | | | |
| | | | | | |

会计主管:何建明　　　　　　　复核:杨晓梅　　　　　　　制表:梁晓芳

(55) 12月31日,结转当月应交而未交(或多交)的增值税,如下所示。

## 内部转账单

2019年12月31日　　　　　　　　　　　　　　　　　　　转字第301号

| 摘 要 | 结转账户 | | | 转入账户 | | |
|---|---|---|---|---|---|---|
| | 总账账户 | 明细账户 | 金额(元) | 总账账户 | 明细账户 | 金额(元) |
| | | | | | | |
| | | | | | | |
| | | | | | | |
| 合 计 | | | | | | |

会计主管:何建明　　　　　　　复核:杨晓梅　　　　　　　制表:梁晓芳

(56) 12月31日,计算本月应交城市维护建设税(7%)、教育费附加(3%)、地方教育费附加(2%)、堤围防护费(营业收入×0.072%),如下所示。

## 税 费 计 算 表

2019年12月31日　　　　　　　　　　　　　　　　　　　　单位:元

| 税(费)种 | 计税基数 | 税(费)率 | 税(费)额 | 备注 |
|---|---|---|---|---|
| 城市维护建设税 | | | | |
| 教育费附加 | | | | |
| 地方教育费附加 | | | | |
| 堤围防护费 | | | | |
| 合 计 | | | | |

会计主管:何建明　　　　　　　复核:杨晓梅　　　　　　　制表:梁晓芳

(57) 12月31日,结转本月损益类账户,如下所示。

## 损益类账户发生额表(结转到本年利润前)

2019年12月　　　　　　　　　　　　　　　　　　　　　　单位:元

| 收入类账户 | 借方发生额 | 贷方发生额 | 费用类账户 | 借方发生额 | 贷方发生额 |
|---|---|---|---|---|---|
| | | | | | |
| | | | | | |
| | | | | | |
| | | | | | |
| | | | | | |
| | | | | | |
| | | | | | |
| | | | | | |
| | | | | | |
| | | | | | |
| 合 计 | | | 合 计 | | |

会计主管:何建明　　　　　　　复核:杨晓梅　　　　　　　制表:梁晓芳

## 内部转账单

2019 年 12 月 31 日　　　　　　　　　　　　　　　　　　转字第 302 号

| 摘　要 | 结转账户 | | | 转入账户 | | |
|---|---|---|---|---|---|---|
| | 总账账户 | 明细账户 | 金额(元) | 总账账户 | 明细账户 | 金额(元) |
| 结转收入类账户 | | | | | | |
| | | | | | | |
| | | | | | | |
| | | | | | | |
| | | | | | | |
| | | | | | | |
| 合　计 | | | | | | |

会计主管:何建明　　　　　　　　复核:杨晓梅　　　　　　　　制表:梁晓芳

## 内部转账单

2019 年 12 月 31 日　　　　　　　　　　　　　　　　　　转字第 303 号

| 摘　要 | 结转账户 | | | 转入账户 | | |
|---|---|---|---|---|---|---|
| | 总账账户 | 明细账户 | 金额(元) | 总账账户 | 明细账户 | 金额(元) |
| 结转费用类账户 | | | | | | |
| | | | | | | |
| | | | | | | |
| | | | | | | |
| | | | | | | |
| | | | | | | |
| | | | | | | |
| | | | | | | |
| | | | | | | |
| | | | | | | |
| | | | | | | |
| 合　计 | | | | | | |

会计主管:何建明　　　　　　　　复核:杨晓梅　　　　　　　　制表:梁晓芳

(58) 12 月 31 日,计算并结转本月应交企业所得税,企业所得税税率为 25%,如下所示。

## 税 费 计 算 表

2019 年 12 月 31 日　　　　　　　　　　　　　　　　　　单位:元

| 税(费)种 | 计税基数 | 税(费)率 | 税(费)额 | 备注 |
|---|---|---|---|---|
| 企业所得税 | | | | |
| | | | | |
| | | | | |
| 合　计 | | | | |

会计主管:何建明　　　　　　　　复核:杨晓梅　　　　　　　　制表:梁晓芳

## 内部转账单

2019年12月31日　　　　　　　　　　　　　　　　转字第304号

| 摘要 | 结转账户 | | | 转入账户 | | |
|---|---|---|---|---|---|---|
| | 总账账户 | 明细账户 | 金额(元) | 总账账户 | 明细账户 | 金额(元) |
| 结转所得税费用 | | | | | | |
| | | | | | | |
| | | | | | | |
| 合　计 | | | | | | |

会计主管：何建明　　　　　　复核：杨晓梅　　　　　　制表：梁晓芳

(59) 12月31日，结转"本年利润"账户余额到"利润分配——未分配利润"账户，如下所示。

## 内部转账单

2019年12月31日　　　　　　　　　　　　　　　　转字第305号

| 摘要 | 结转账户 | | | 转入账户 | | |
|---|---|---|---|---|---|---|
| | 总账账户 | 明细账户 | 金额(元) | 总账账户 | 明细账户 | 金额(元) |
| 结转"本年利润"账户余额 | | | | | | |
| | | | | | | |
| | | | | | | |
| | | | | | | |
| 合　计 | | | | | | |

会计主管：何建明　　　　　　复核：杨晓梅　　　　　　制表：梁晓芳

(60) 12月31日，按本年(1~12月)税后利润的一定比例计提盈余公积金，如下所示。

### 桥心电器有限公司股东大会决议

经股东大会一致同意，形成决议如下：

经股东大会决议批准，桥心电器有限公司决定按本年税后利润的10%提取法定盈余公积；按本年税后利润的5%提取任意盈余公积。

广东桥心电器有限公司
董事长：陈乔欣
2019年12月31日
440703256268024

### 盈余公积金计提表

2019年12月31日　　　　　　　　　　　　　　　　单位：元

| 项目 | 计提基数 | 计提比例 | 计提金额 | 备注 |
|---|---|---|---|---|
| 法定盈余公积 | | | | |
| 任意盈余公积 | | | | |
| | | | | |
| 合　计 | | | | |

会计主管：何建明　　　　　　复核：杨晓梅　　　　　　制表：梁晓芳

(61) 12月31日，经股东大会决议批准，公司决定按出资额比例向投资者分配利润，如下所示。

### 桥心电器有限公司股东大会决议

经股东大会一致同意，形成决议如下：
经股东大会决议批准，桥心电器有限公司决定按出资额比例向投资者分配利润500 000元。

广东桥心电器有限公司
董事长：陈乔欣
2019年12月31日
440703256268024

### 利润分配明细表

2019年12月31日　　　　　　　　　　　　　　　　　　单位：元

| 投资者名称 | 出资额 | 出资比例 | 分配利润额 |
|---|---|---|---|
| 景阳投资有限公司 | 1 040 000.00 | | |
| 蓝梅电子有限公司 | 780 000.00 | | |
| 裕林投资有限公司 | 390 000.00 | | |
| 新源科技有限公司 | 390 000.00 | | |
| 合　计 | 2 600 000.00 | 100% | 500 000.00 |

会计主管：何建明　　　　　　复核：杨晓梅　　　　　　制表：梁晓芳

(62) 12月31日，结转"利润分配"账户除"未分配利润"明细账户外的其他明细账户，如下所示。

### 内部转账单

2019年12月31日　　　　　　　　　　　　　　　　　　转字第306号

| 摘　要 | 结转账户 | | | 转入账户 | | |
|---|---|---|---|---|---|---|
| | 总账账户 | 明细账户 | 金额(元) | 总账账户 | 明细账户 | 金额(元) |
| 结转利润分配数额到未分配利润 | | | | | | |
| | | | | | | |
| | | | | | | |
| 合　计 | | | | | | |

会计主管：何建明　　　　　　复核：杨晓梅　　　　　　制表：梁晓芳

# 职业教育会计专业营改增系列教材

1. 会计基础
2. 会计基础实训
3. 小企业会计基础
4. 小企业会计基础实训
5. 新编企业财务会计(第二版)
6. 新编企业财务会计实训(第二版)
7. 企业会计岗位综合实训(第二版)
8. 小企业财务会计(第三版)
9. 小企业财务会计实训(第三版)
10. 小企业会计岗位综合实训(第二版)